초판 인쇄일 2016년 1월 21일
초판 발행일 2016년 1월 28일
초판 3쇄 발행일 2019년 3월 13일

지은이 신예나
발행인 박정모
등록번호 제9-295호
발행처 도서출판 혜지원
주소 (10881) 경기도 파주시 회동길 445-4(문발동 638) 302호
전화 031)955-9221~5 **팩스** 031)955-9220
홈페이지 www.hyejiwon.co.kr

기획·진행 김형진
디자인 김성혜
영업마케팅 김남권, 황대일, 서지영
ISBN 978-89-8379-880-0
정가 13,000원

Copyright © 2016 by 신예나 All rights reserved.
No Part of this book may be reproduced or transmitted in any form,
by any means without the prior written permission on the publisher.

이 책은 저작권법에 의해 보호를 받는 저작물이므로 어떠한 형태의 무단 전재나 복제도 금합니다.
본문 중에 인용한 제품명은 각 개발사의 등록상표이며, 특허법 및 저작권법 등에 의해 보호를 받고 있습니다.

이 도서의 국립중앙도서관 출판시도서목록(CIP)은 서지정보유통지원시스템 홈페이지(http://seoji.nl.go.kr)와
국가자료공동목록시스템(http://www.nl.go.kr/kolisnet)에서 이용하실 수 있습니다.(CIP제어번호: CIP2015034562)

신예나의 말하기에 강해지는 영어회화

이것이 스피킹이다!

신예나 지음

혜지원

머리말

요즘은 영어 말하기 능력이 반드시 필요한 시대입니다. 대학 졸업, 취업, 승진에 토익 스피킹 시험이나 OPIc 등의 말하기 시험 점수가 필수요소가 되었고, 이에 따라 스피킹 학원에 너도나도 등록하거나, 스피킹 관련 도서가 불티나게 팔리는가 하면, 매달 스피킹 시험을 보는 수험자들도 눈에 띄게 늘고 있습니다.

영어 문법이나 어휘 실력이 어느 정도 되고, 시험 점수도 일정 수준을 넘었는데, 영어 말하기만 하려면 입이 안 떨어지는 경우가 많을 겁니다. 이렇듯 말하기가 특히 어렵다고 느끼는 이유는 어휘나 문법 실력이 부족해서라기보다 읽고, 쓰는 학습에만 집중하다 보니 정작 말하는 훈련을 해본 적이 없기 때문입니다. 바로 입이 트이지 않았다는 얘기죠. 입이 트이지 않았다는 것은 머릿속에서는 뻔히 아는 문장인데 입 밖으로 생각한 것처럼 내뱉어지지 않는다는 것입니다.

그렇다면, 스피킹 훈련은 어떤 방법이 효과적일까요? 효과적인 방법은 여러 가지가 있습니다. 24시간 영어만 사용할 수 있는 환경으로 어학연수를 가서 원어민과 자주 대화를 하는 방법, 요즘 많은 학습자가 하고 있는 전화영어나 회화학원에 등록하는 방법 등 다양한 훈련 방법이 있겠지만, 무엇보다 중요한 것은 훈련 방법 선택에 있어서 자신의 현재 수준과 성향을 고려하여 알맞은 방법을 찾아야 한다는 것입니다. 아무리 좋은 훈련 방법일지라도 자신의 수준보다 너무 높거나 낮은 방법을 선택하여 학습 성과를 얻지 못한다면 학습자의 의지가 금세 꺾이기 쉽습니다.

이 책은 영어 초보자가 스피킹의 기본기를 닦을 수 있도록 구성했습니다. 일정 수준의 문장을 읽거나 듣고 이해할 수는 있지만, 말로 하려면 너무 어색하고 발음도 어려워하는 수준의 학습자가 효과적으로 초급 영어를 술술 말할 수 있도록 하는 데 이 책의 목적이 있습니다.

Preface

본문은 일상생활, 사회생활, 여러 가지 상황과 장소, 감정이나 의견 등의 큰 주제 아래 40가지 작은 주제를 나누어 Unit을 구성했습니다. Unit이 시작되면 그 주제에 대해 나눌만한 대화문이 소개됩니다. 처음 한번 읽어보고 반드시 음원을 통해 원어민의 정확한 발음을 들어보세요. 다음은 Useful Expressions에서 하위 관련 표현들과 지금까지 쓰인 어휘를 익힙니다. 여기까지 왔으면 다시 처음으로 돌아가 대화문부터 듣고 따라 하는 훈련을 합니다. 듣고 따라 할 때는 반드시 큰 소리로 손발이 오그라들 정도로 원어민 발음과 최대한 비슷한 발음을 내겠다는 의지를 가지고 따라 하길 바랍니다. 그 후 Unit을 마무리하는 단계인 Speaking Practice를 풀어봅니다. Speaking Practice는 '원어민의 발음을 듣고 따라 하기, 원어민의 발음을 듣고 빈칸 채우기, 원어민의 질문을 듣고 알맞은 대답 해보기'로 구성되어 있습니다.

이렇게 반복적인 듣고, 의미 알고, 따라 말하기를 훈련하며 이 책 한 권을 마무리하면 어느새 영어 말하기에 놀랄 정도로 자신감이 붙은 자신을 발견할 수 있을 겁니다. 영어 말하기에 자신감과 자연스러움을 얻었다면, 이제 문장의 응용력과 문법, 어휘력을 조금 더 훈련해 스피킹 시험에서도 술술 말할 수 있게 되는 것이죠.

어느 언어나 마찬가지겠지만 영어 공부에도 왕도는 없습니다. 열심히, 그리고 적은 양이라도 하루도 빼먹지 않고 꾸준히 훈련하고 연습하는 길만이 가장 좋은 말하기 훈련 방법입니다. 스피킹 실력 향상의 가장 좋은 방법 또한 꾸준히 입을 열어 말하려고 노력하는 것입니다. 이 책과 함께 꾸준히 훈련하여 영어 초보 딱지를 꼭 뗄 수 있기를 바랍니다.

이 책이 세상에 나와 스피킹에 고민하는 영어 초보자들의 입가에 미소를 찾아주길 바라는 마음입니다.

신예나

책의 구성

이 책은 총 4개 Chapter, 각 Chapter는 10개의 Unit으로 구성되어 있습니다.

★ Dialogue
Dialogue의 내용 이해를 돕는 삽화와 함께 Unit의 주제에 맞는 대화문을 제시합니다.

★ Vocab
Dialogue와 Useful Expressions에 등장하는 필수 어휘를 설명합니다.

★ Useful Expressions
Unit 주제와 연관된 다양한 상황들을 세부적으로 나누어 짧은 대화문과 표현을 배워 봅니다. 또한 Tips에는 신예나 선생님의 친절한 영어 관련 팁을 실었습니다.

★ Vocab
Dialogue와 Useful Expressions에 등장하는 필수 어휘입니다.

How to use this book

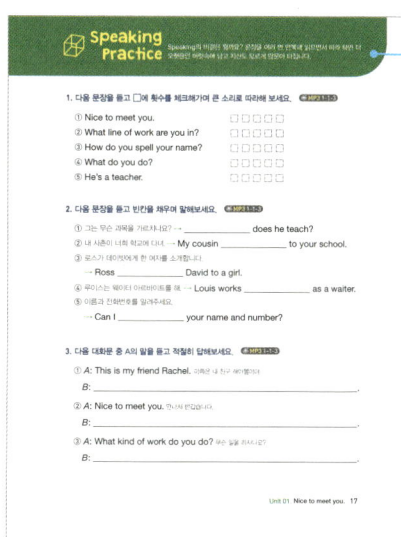

★**Speaking Practice**

Speaking 실력 향상에 효과적인 듣고 따라 하기, 듣고 받아쓰기, 듣고 대답하기 위주의 연습문제를 풀어보며 앞에서 배운 표현들을 완전히 내 것으로 만들고, 자연스럽게 입으로 말할 수 있도록 훈련합니다.

★**Answers**

Speaking Practice의 정답과 해설을 신예나 선생님의 친절한 설명과 함께 실었습니다.

목차

Chapter 01 일상 생활

Unit 01 Nice to meet you. ----- 013
처음 뵙겠습니다.
- 이름을 물을 때
- 직업을 물을 때
- 다른 사람에 대해 말할 때
- 출신지에 대해 말할 때

Unit 02 My family ----- 019
우리 가족
- 이름을 물을 때
- 직업을 물을 때
- 다른 사람에 대해 말할 때
- 부모님에 대해 말할 때

Unit 03 My job ----- 025
나의 직업
- 직업을 물을 때
- 업무를 자세히 물을 때
- 상사와 동료에 대해 말할 때
- 근무 시간에 대해 말할 때

Unit 04 The weather ----- 031
날씨
- 봄 날씨에 대해 말할 때
- 여름 날씨에 대해 말할 때
- 가을 날씨에 대해 말할 때
- 겨울 날씨에 대해 말할 때

Unit 05 Numbers ----- 037
숫자
- 숫자를 읽을 때
- 서수를 읽을 때
- 연도를 읽을 때
- 시간을 말할 때

Unit 06 Frequency ----- 043
빈도
- 횟수를 말할 때
- 빈도부사를 사용할 때
- 항상 하는 행동일 때
- 전혀 하지 않는 행동일 때

Unit 07 Pain ----- 049
통증
- 두통에 대해 말할 때
- 치통에 대해 말할 때
- 복통에 대해 말할 때
- 뼈가 부러졌을 때

Unit 08 How I look ----- 055
외모
- 체중에 대해 말할 때
- 머리 모양에 대해 말할 때
- 얼굴에 대해 말할 때
- 옷에 대해 말할 때

Unit 09 Personality ----- 061
성격
- 겸손한 성격에 대해 말할 때
- 거만한 성격에 대해 말할 때
- 느긋한 성격에 대해 말할 때
- 성급한 성격에 대해 말할 때

Unit 10 Free time ----- 067
여가
- 게임에 대해 말할 때
- 운동에 대해 말할 때
- 공연에 대해 말할 때
- 인터넷에 대해 말할 때

Chapter 02 사회 생활

Unit 01 **Commuting** ---------- 075
출퇴근
- 출퇴근 시간에 대해 말할 때
- 출퇴근 방법에 대해 말할 때
- 출퇴근 시 하는 일에 대해 말할 때
- 출퇴근 시간이 자유로울 때

Unit 02 **Traffic** ---------- 081
교통
- 교통체증에 대해 말할 때
- 차량의 종류에 대해 말할 때
- 교통법규에 대해 말할 때
- 교통사고에 대해 말할 때

Unit 03 **Taking a taxi** ---------- 087
택시 타기
- 택시를 부를 때
- 목적지를 말할 때
- 길을 안내할 때
- 요금에 대해 말할 때

Unit 04 **Meetings** ---------- 093
회의
- 회의를 안내할 때
- 회의의 안건을 말할 때
- 발표를 할 때
- 질문을 하거나 받을 때

Unit 05 **Office supplies** ---------- 099
사무용품
- 컴퓨터 용품
- 문구용품
- 정리용품
- 탕비실

Unit 06 **Appointments** ---------- 105
약속
- 진료 약속
- 약속 잡기
- 약속 취소
- appointment와 promise

Unit 07 **Business trips** ---------- 111
출장
- 짐 싸기
- 호텔 예약
- 국내 출장
- 해외 출장

Unit 08 **Vacation** ---------- 117
휴가
- 휴가 일수
- 휴가 계획
- 국내 휴가
- 해외 휴가

Unit 09 **Parties** ---------- 123
파티
- 생일 파티
- 환영회와 송별회
- 크리스마스 파티
- 회식

Unit 10 **Dating** ---------- 129
데이트
- 소개팅
- 연락처 교환
- 기념일
- 이별

Chapter 03 여러 가지 상황

Unit 01 **At the bank** ---------- *137*
은행에서
- 계좌 개설
- 입금하기
- 출금하기
- 환전

Unit 02 **Credit card** ---------- *143*
신용카드
- 물건을 살 때
- 분실신고
- 갱신하기
- 연체

Unit 03 **At the airport** ---------- *149*
공항에서
- 보안 검색대
- 쇼핑하기
- 탑승하기
- 입국

Unit 04 **At a hotel** ---------- *155*
호텔에서
- 숙박 기간
- 아침식사
- 객실서비스
- 체크아웃

Unit 05 **Asking for directions** - *161*
길 묻기
- 직진
- 좌회전과 우회전
- 건너편
- 왼쪽과 오른쪽

Unit 06 **At a restaurant** ---------- *167*
식당에서
- 양식
- 패스트푸드점
- 커피숍
- 피자 주문

Unit 07 **At a movie theater** ---- *173*
영화관에서
- 등급
- 매점
- 자리 잡기
- 영화 종류

Unit 08 **At a post office** -------- *179*
우체국에서
- 요금
- 소포
- 부가서비스
- 주소 변경

Unit 09 **At the mall** ---------- *185*
쇼핑몰에서
- 신발
- 전자제품
- 홈쇼핑
- 장 보기

Unit 10 **At a doctor's office** ---- *191*
병원에서
- 증상
- 검사
- 알레르기
- 응급상황

Chapter 04 감정과 의견

Unit 01 Congratulations! ----- 199
기쁨과 축하
- 오랜만에 만났을 때
- 감사를 표현할 때
- 승진
- 졸업

Unit 02 I'm sorry to hear that. 205
슬픔과 위로
- 헤어질 때
- 안 좋은 소식
- 위로
- 위로를 청하는 말

Unit 03 He has an anger problem. ----- 211
불평과 불만
- 성격에 대한 불만
- 제품에 대한 불만
- 서비스에 대한 불만
- 동료와 상사

Unit 04 I feel depressed. ----- 217
우울과 짜증
- 우울할 때
- 짜증이 날 때
- 화가 날 때
- 질투가 날 때

Unit 05 What a great movie! -- 223
감탄
- 생각보다 쉬운 일
- 기대를 저버리지 않은 일
- 사람이 많은 장소
- 감탄사

Unit 06 I agree. --------------- 229
동의
- I think so, too.
- I agree with you.
- I couldn't agree more.
- I feel the same way.

Unit 07 I don't think that's a good idea. ----- 235
반대
- You could be right, but~
- I don't agree with you 100%.
- I see your point, but~
- I couldn't disagree more.

Unit 08 Can I ask you a favor? - 241
부탁
- Please
- Do me a favor~
- ask
- Could you please~?

Unit 09 Go ahead. ------------- 247
허가
- You're allowed to~
- Get a permission~
- I'll let you~
- You're welcomed to~

Unit 10 Be positive. ----------- 253
긍정적인 생각
- Look on the bright side.
- Don't let it get to you.
- You have nothing to lose.
- Keep your chin up.

Chapter 01 일 상 생 활

- **Unit 01** Nice to meet you. 처음 뵙겠습니다.
- **Unit 02** My family 우리 가족
- **Unit 03** My job 나의 직업
- **Unit 04** The weather 날씨
- **Unit 05** Numbers 숫자
- **Unit 06** Frequency 빈도
- **Unit 07** Pain 통증
- **Unit 08** How I look 외모
- **Unit 09** Personality 성격
- **Unit 10** Free time 여가

Unit 01 Nice to meet you.
처음 뵙겠습니다.

Unit 01

Nice to meet you.

처음 뵙겠습니다.

🎁 Dialogue 🔊 MP3 01-01-01

David is at a party. He sees his friend Ross. Ross introduces David to a girl.
데이빗은 파티에 갔습니다. 친구 로스가 보이네요. 로스가 데이빗을 한 여성에게 소개합니다.

Ross   Dave, this is Rachel. Rachel, this is David.
데이브, 이쪽은 레이첼. 레이첼, 얘는 데이빗이야.

Rachel   Hello, David. Nice to meet you.
안녕하세요, 데이빗. 만나서 반가워요.

David   Nice to meet you, too, Rachel.
저도 반가워요, 레이첼.

> **Tips**   Nice to meet you.는 처음 만나는 사람에게 쓰는 인사말입니다. 두 번째 만남부터는 Nice to see you.를 사용합니다.

Vocab

at a party 파티에 간	introduce 소개하다	This is~ 이 분은 ~입니다
spell (단어의) 철자를 말하다	line of work 업종, 직종	

⬚ Useful Expressions

1. 이름을 물을 때   🎧 MP3 01-01-02

A **What's your name?**
성함이 어떻게 되세요?

B **My name's Estella Kim.**
에스텔라 김입니다.

· **Can I have your name and number?**
이름과 전화번호를 알려주시겠어요?

· **How do you spell your name?**
이름 스펠링이 어떻게 되세요?

 사람을 만나서 바로 What's your name?이라고 묻는 것은 딱딱한 표현입니다. 보통 자기 이름을 먼저 말하며 소개를 하면 상대방도 자연스럽게 본인의 이름을 이야기하며 자기소개를 합니다.

2. 직업을 물을 때   🎧 MP3 01-01-03

A **So, what do you do?**
그래서, 무슨 일을 하세요?

B **I'm a student. You?**
저는 학생인데요. 그쪽은요?

· **What kind of work do you do?**
어떤 일을 하시나요?

· **What line of work are you in?**
무슨 일에 종사하시나요?

 '당신은요?'라는 물음은 How about you?나 And you?로 표현할 수 있고, 간단히 You?라고만 하는 경우도 있습니다. 하지만 공식적인 자리나 예의를 갖추어야 할 자리에서는 You?라고 묻지 않습니다.

Unit 01. Nice to meet you.   15

3. 다른 사람에 대해 말할 때

A His name's Tony. He's a teacher.
그의 이름은 토니입니다. 그는 선생님이에요.

B I see. What does he teach?
그렇군요. 무슨 과목을 가르치나요?

· My cousin Celina goes to your school.
내 사촌 셀리나가 너희 학교에 다녀.

· Louis works part-time as a waiter.
루이스는 웨이터 아르바이트를 해.

> **Tips** '아르바이트(알바)'는 영어로 albeit라고 하지 않고 work part-time이라고 합니다. 따라서 '알바직'은 a part-time job이 됩니다. 예를 들어 '나 알바 자리 구했어.'라고 하려면 I got a part-time job. 이라고 말합니다.

4. 출신지에 대해 말할 때

A So, where are you from?
그래, 어디서 오셨어요?

B I'm from Seoul, Korea.
한국, 서울에서요.

· Are you from the United States?
당신은 미국에서 왔나요?

· Where in the States are you from?
미국 어디에서 오셨는데요?

> **Tips** Where do you come from?이라는 표현보다는 일반적으로 Where are you from? 혹은 이를 축약한 문장 Where're you from?을 더 자주 씁니다.

Vocab

work part-time 아르바이트를 하다   where in the States 미국 내에서 어디

Speaking Practice

문장을 여러 번 반복해 읽으면서 따라 하면 더 오랫동안 머릿속에 남고 자신도 모르게 말문이 터집니다.

1. 다음 문장을 듣고 □에 횟수를 체크해가며 큰 소리로 따라 해보세요. MP3 01-01-06

① Nice to meet you. □ □ □ □ □
② What line of work are you in? □ □ □ □ □
③ How do you spell your name? □ □ □ □ □
④ What do you do? □ □ □ □ □
⑤ He's a teacher. □ □ □ □ □

2. 다음 문장을 듣고 빈칸을 채우며 말해보세요. MP3 01-01-07

① 그는 무슨 과목을 가르치나요? → _____ does he teach?
② 내 사촌이 너희 학교에 다녀. → My cousin _____ to your school.
③ 로스가 데이빗을 한 여성에게 소개합니다.
　→ Ross _____ David to a girl.
④ 루이스는 웨이터 아르바이트를 해. → Louis works _____ as a waiter.
⑤ 이름과 전화번호를 알려주세요.
　→ Can I _____ your name and number?

3. 다음 대화문 중 A의 말을 듣고 적절히 답해보세요. MP3 01-01-08

① A: This is my friend Rachel. 이쪽은 내 친구 레이첼이야.

　B: _____.

② A: Nice to meet you. 만나서 반갑습니다.

　B: _____.

③ A: What kind of work do you do? 무슨 일을 하시나요?

　B: _____.

① 만나서 반가워요.
② 무슨 일에 종사하세요?
③ 이름의 스펠링이 어떻게 되나요?
④ 무슨 일을 하세요?
⑤ 그는 선생님이에요.

---

① **What**   '무엇을'이라는 의미의 의문사 what이 필요합니다.

② **goes**   학교에 '다니다'는 [go to+학교]로 표현합니다.

③ **introduces**   '소개하다'라는 뜻이죠. Ross가 3인칭 단수이므로 introduce 뒤에 s를 붙이세요.

④ **part-time**   part-time은 명사처럼 보이지만 형용사, 부사로 쓰입니다.

⑤ **have**   우리말로는 '알려달라'는 상황이지만, 영어로는 내가 '가질 수 있을까요?'라고 표현합니다.

---

① **Hello, Rachel. Nice to meet you.**
안녕, 레이첼. 만나서 반가워.

Rachel을 소개받은 사람이 할 수 있는 대답이 필요합니다. I've heard a lot about you.와 같은 문장을 추가로 말할 수도 있습니다.

② **Nice to meet you, too.**
나도 만나서 반가워요.

상대방을 만나서 나도 반갑다고 맞장구 쳐주어야겠죠? 간단히 You, too.라고 말하기도 합니다.

③ **I'm a teacher.**
저는 교사입니다.

직장인은 [I work for+회사 이름]의 형태로 말할 수도 있습니다. 혹은 업종만 이야기해서 I'm in sales. '저는 영업을 합니다.'와 같은 문장도 좋아요!

Unit 02 My family
우리 가족

Unit 02
My family
우리 가족

🧊 Dialogue 🔊 MP3 01-02-01

David is talking with Rachel. He learns that she's an only child. David tells Rachel about his brother and sister. 데이빗은 레이첼과 대화를 나눕니다. 레이첼이 무남독녀라는 걸 알게 되네요. 데이빗은 남자 형제와 여자 형제에 대해 레이첼에게 말해줍니다.

Rachel Wow, it must be so nice to have a brother and a sister.
와, 형제 자매가 있다니 참 좋을 것 같아요.

David Well, my brother and I fought a lot when we were kids.
음, 남동생과 저는 어렸을 때 많이 싸웠어요.

Rachel How about your sister? Are you close to her?
여자 형제는요? 둘이 친한가요?

> **Tips** 영어에서는 남자 형제를 brother, 여자 형제를 sister라고만 표현하기 때문에 형·오빠인지 남동생인지, 누나·언니인지 여동생인지 알 수는 없습니다.

Vocab
learn ~라는 사실을 알게 되다 **only child** 외아들/외동딸 **must be** (분명히) ~일 것이다
fight (특히 주먹다짐으로) 싸우다 **be named after** ~의 이름을 딴

Useful Expressions

1. 이름을 물을 때

A **What are your brothers' names?**
남자 형제들은 이름이 어떻게 돼요?

B **Michael and Tom.**
마이클이랑 탐입니다.

· **What's your sister's middle name?**
여동생 중간 이름이 뭐예요?

· **He's named after my grandfather.**
그 애 이름은 할아버지 이름을 딴 거예요.

 Tips   What's his name?는 이름을 묻는 대상이 한 명인 경우이고, 남자 형제 두 명의 이름을 물어보려면 복수형으로 써야겠죠? 따라서 What are your brothers' names?라고 합니다. 이때 What are your brother's names?라고 하면 남자 형제 한 명이 여러 개의 이름을 가지고 있는 상황이 되므로 주의하세요!

2. 직업을 물을 때

A **Does your sister work?**
언니가 일을 하나요?

B **No, she's a stay-at-home mom.**
아뇨, 전업주부입니다.

· **My older sister is a working mother.**
우리 누나는 일하는 여성이에요.

· **My brother is in between jobs.**
제 남동생은 지금 일자리를 찾고 있어요.

 Tips   a stay-at-home mom은 아이가 있는 전업주부를 뜻합니다. 요즘은 a stay-at-home dad라는 말도 있습니다. 마지막 문장의 in between jobs는 두 직업 사이에 있다는 뜻으로, 일을 그만두고 다른 일을 찾고 있는 상태를 가리킵니다.

3. 다른 사람에 대해 말할 때

A His wife is a good friend of my wife's.
그의 아내가 제 아내와 친한 친구입니다.

B Really? Do the four of you get together sometimes?
그래요? 네 분이 같이 만나기도 하나요?

· My cousin works with my friend Chohee.
우리 사촌이 내 친구 초희와 같이 일해.

· Louisa is the youngest of five.
루이자는 다섯 형제 중 막내야.

Tips '~의 친구'는 [a friend of 소유대명사]를 써서 나타냅니다. a friend of mine의 형태를 외워 놓으면 다른 표현에 적용하기도 쉽겠죠? 예를 들어 '우리 남편의 친구'라고 하려면 a friend of my husband's라고 합니다.

4. 부모님에 대해 말할 때

A My parents are celebrating their 40th anniversary next month.
다음 달에 우리 부모님 결혼 40주년이야.

B That's great. Are they having a party?
멋진 일이구나. 잔치라도 하시니?

· I have my mother's eyes.
제 눈은 어머니를 닮았어요.

· Are your parents retired?
부모님께서는 은퇴를 하셨나요?

Tips 결혼기념일은 wedding을 빼고 그냥 anniversary라고도 합니다. 물론 부부에 대해서 이야기하고 있다는 상황이 전제될 때 말이죠. '퇴직한'이라는 말은 마지막 문장에서처럼 수동태로 씁니다. I'm retiring.이라고 하면 '곧 퇴직합니다.'라는 의미가 되거든요.

Vocab
get together 만남의 자리를 갖다　　the youngest 막내　　celebrate 축하하다

Speaking Practice

문장을 여러 번 반복해 읽으면서 따라 하면 더 오랫동안 머릿속에 남고 자신도 모르게 말문이 터집니다.

1. 다음 문장을 듣고 □에 횟수를 체크해가며 큰 소리로 따라 해보세요. **MP3 01-02-06**

① Are you close to her? □□□□□
② What's your sister's middle name? □□□□□
③ She's a stay-at-home mom. □□□□□
④ Louisa is the youngest of five. □□□□□
⑤ Are your parents retired? □□□□□

2. 다음 문장을 듣고 빈칸을 채우며 말해보세요. **MP3 01-02-07**

① 제 남동생은 일자리를 구하고 있어요. → My brother is in _____ jobs.
② 네 명이 가끔 만나기도 해요?
  → Do the four of you get _____ sometimes?
③ 루이자는 다섯 명 중 막내야. → Louisa is the _____ of five.
④ 저희 부모님은 다음 달에 결혼 40주년이세요.
  → My parents are celebrating their 40th _____ next month.
⑤ 저는 눈이 어머니를 닮았습니다. → I _____ my mother's eyes.

3. 다음 대화문 중 A의 말을 듣고 적절히 답해보세요. **MP3 01-02-08**

① A: What are your brothers' names? 남자 형제들의 이름이 뭔가요?
  B: _____.

② A: Are you close to your brother? 당신은 남자 형제와 가깝게 지내나요?
  B: _____.

③ A: Are your parents retired? 당신의 부모님께서는 은퇴를 하셨나요?
  B: _____.

Unit 02. My family

① 당신은 그녀와 친한가요?
② 누나/언니/여동생의 중간 이름이 어떻게 되나요?
③ 그녀는 전업주부입니다.
④ 루이자는 다섯 명 중 막내입니다.
⑤ 부모님께서는 은퇴하셨어요?

① **between** '~의 중간에'라는 in between을 만들기 위한 between이 필요합니다.
② **together** '만나다'는 get together로 표현합니다.
③ **youngest** '막내'라는 뜻이죠. 최상급이니까 앞에 the를 붙여야 합니다.
④ **anniversary** wedding과 함께 쓰지 않아도 부부 사이에는 '결혼기념일'이 돼요!
⑤ **have** 우리말로는 '닮았다'라는 상황이지만, 영어로는 내가 '엄마의 눈을 가졌다'라고 하죠.

① **Harry and Heath. / They are Harry and Heath.**
해리와 히스입니다.
남자 형제가 두 명 이상인 사람에게 묻는 말입니다. 형제들의 이름만 나열해도 되고, 앞에 They are와 같은 구문을 추가해서 말할 수도 있습니다.

② **Yes, I am. / No, not really.**
네, 그렇습니다. / 아니요, 그렇지 않습니다.
상대방이 Are you~?로 물어보았으니 Yes나 No로 대답하면 됩니다. 답변에도 be동사를 써주세요.

③ **Yes, they are. / No, they are still working.**
네, 은퇴하셨습니다. / 아니요, 아직 일하십니다.
직장에 다닌다는 말은 간단히 work/be working의 형태로 해도 됩니다. 은퇴를 한 경우에는 Yes, they are.와 같은 간단한 문장으로 답변하면 OK!

Unit 03 My job
나의 직업

Unit 03

My job

나의 직업

🎲 Dialogue 🔊 MP3 01-03-01

David teaches at a college. Rachel is interested in his job. David teaches history to undergraduate students. 데이빗은 대학에서 학생들을 가르칩니다. 레이첼이 데이빗의 직업에 관심이 있네요. 데이빗은 학부생들에게 역사 과목을 강의합니다.

Rachel So, how many classes do you teach?
그럼 수업이 몇 개나 있어요?

David I teach two classes a week.
일주일에 두 개 강의를 해요.

Rachel It must be fun to be around young people.
젊은이들과 함께하는 게 재미있겠네요.

> **Tips** 미국에서는 대학을 college라고 부르는 경우가 많습니다. 대학교의 이름에 University가 들어가도 그 학교에 다니는 학생은 college student라고 할 때가 많죠.
> · **I'm a college student.** 저는 대학생 입니다.
> · **I go to the University of Georgia.** 저는 조지아대학교에 다닙니다.

Vocab

be interested in ~에 관심이 있다　　undergraduate 학부의　　must be ~일 것이다
self-employed 자영업을 하는　　schedule 일정을 잡다

⌬ Useful Expressions

1. 직업을 물을 때
MP3 01-03-02

A **What do you do for a living?**
무슨 일을 하세요?

B **I'm an engineer.**
엔지니어입니다.

· **What company do you work for?**
어느 회사에서 일하세요?

· **He's self-employed.**
그는 자영업을 합니다.

 Tips What do you do for a living?은 직역하면 '생계를 위해 무엇을 합니까?'라는 뜻이지만, 상대방의 직업을 묻는 말로 자주 쓰입니다. 그냥 What do you do?라고만 해도 되고, What kind of work do you do?라는 문장을 사용할 수도 있습니다.

2. 업무를 자세히 물을 때
MP3 01-03-03

A **Are you in charge of the marketing department?**
마케팅 부서를 책임지고 계신 건가요?

B **No, my boss is. I report to him.**
아니요, 상사가 계시고 저는 그분에게 보고를 합니다.

· **The secretary schedules all his meetings.**
비서가 그의 회의일정을 모두 잡아요.

· **He's part of the customer service team.**
그는 고객서비스팀에서 일하고 있습니다.

 Tips in charge of는 '~를 지휘하는, ~를 책임지는'이라는 뜻입니다. (be) responsible for라는 표현도 있습니다. I report to him.은 '내가 그에게 보고를 한다.'는 뜻으로, 자신이 그 사람의 부하직원이라는 말이죠.

Unit 03. My job 27

3. 상사와 동료에 대해 말할 때

A **What kind of boss is he?**
상사는 어떤 사람인가요?

B **He's easy to work for.**
그는 함께 일하기 편한 사람입니다.

· **My co-workers are all workaholics.**
우리 동료들은 모두 일 중독자입니다.

· **My boss is very detail-oriented.**
제 상사는 꼼꼼한 사람입니다.

> **Tips** '함께 일하기 편한'은 easy to work with로 표현합니다. 상사의 경우 그 사람 밑에서 부하직원으로 일하는 것이므로 easy to work for라고 합니다. 마지막 문장의 detail-oriented는 '세밀한 부분에 신경 쓰는'이라는 뜻으로 꼼꼼하다는 의미입니다.

4. 근무 시간에 대해 말할 때

A **My boss is making me stay late tonight.**
상사가 오늘 내게 야근하라는데.

B **Again? You're pulling in a lot of overtime these days.**
또? 요즘 초과근무를 많이 하네.

· **I have to go to work on Saturday.**
저는 토요일에 출근해야 돼요.

· **I work 40 hours a week.**
저는 일주일에 40시간을 근무합니다.

> **Tips** 야근은 stay late (at work), 또는 work until late at night이라고 표현합니다. 출근, 퇴근, 야근 등은 딱 떨어지는 영어표현이 있는 것이 아니라서 보통 풀어서 설명합니다. '출근하다'는 go to work, '퇴근하다'는 leave work라고 하면 됩니다.

Vocab

workaholic 일 중독자   overtime 초과근무

Speaking Practice

문장을 여러 번 반복해 읽으면서 따라 하면 더 오랫동안 머릿속에 남고 자신도 모르게 말문이 터집니다.

1. 다음 문장을 듣고 □에 횟수를 체크해가며 큰 소리로 따라 해보세요. **MP3 01-03-06**

① David teaches at a college. □□□□□
② I teach two classes a week. □□□□□
③ He's part of the customer service team. □□□□□
④ He's easy to work for. □□□□□
⑤ I work 40 hours a week. □□□□□

2. 다음 문장을 듣고 빈칸을 채우며 말해보세요. **MP3 01-03-07**

① 우리 상사는 꼼꼼한 사람입니다. → My boss is very _____ -oriented.
② 직업이 무엇입니까? → What do you do for a _____ ?
③ 어느 회사에서 일하세요? → What company do you work _____ ?
④ 그는 자영업을 합니다. → He's _____ -employed.
⑤ 마케팅 부서를 책임지고 계신가요?
   → Are you in _____ of the marketing department?

3. 다음 대화문 중 A의 말을 듣고 적절히 답해보세요. **MP3 01-03-08**

① A: What kind of boss is he? 그는 어떤 상사인가요?
   B: _____.

② A: What do you do for a living? 무슨 일을 하시나요?
   B: _____.

③ A: What company do you work for? 어떤 회사에서 일하세요?
   B: _____.

① 데이빗은 대학에서 학생들을 가르칩니다.
② 저는 일주일에 두 개의 수업이 있어요.
③ 그는 고객서비스팀 소속입니다.
④ 그의 밑에서 일하는 것은 편해요.
⑤ 저는 일주일에 40시간을 근무합니다.

① **detail** oriented는 '~한 성향을 가진'이라는 뜻으로 detail-oriented는 '세밀한 부분에 신경 쓰는'이라는 뜻입니다.

② **living** '생계를 위해서 ~하다'라고 직역됩니다.

③ **for** 회사를 '위해서' 일한다는 어감이니까 work for라고 합니다.

④ **self** 자기 자신을 고용했다는 뉘앙스입니다. '자영업을 하는'은 self-employed라는 것을 기억하세요!

⑤ **charge** '~를 책임지고 있는'은 be in charge of something으로 표현합니다.

① **He's an open-minded person. / He's easy to work for.**
그는 마음이 열린 사람입니다. / 그는 일하기 편한 상사입니다.
상사의 성격이나 스타일을 묻는 질문입니다. '마음이 열린 사람이다'라는 표현은 He's an open-minded person.이라고 하면 됩니다.

② **I am a doctor. / I work for ABC.**
저는 의사입니다. / 저는 ABC에서 일합니다.
상대방이 나의 직업을 물어보았으니까 I am~으로 대답하면 됩니다. 아니면 I work for~라고 할 수도 있습니다.

③ **I work for RE Corporation. / I work at RE.**
저는 RE 기업에서 일합니다. / 저는 RE에서 일합니다.
직장에 다닌다는 말은 work for를 써도 되고, work at을 사용해도 됩니다.

Unit 04 The weather
날씨

Unit 04
The weather
날씨

🎲 Dialogue ⓞ MP3 01-04-01

David complains about the hot weather. Rachel prefers summer to winter. David says he would rather be cold than hot and sticky. 데이빗은 더운 날씨에 대해 불평합니다. 레이첼은 겨울보다는 여름을 좋아합니다. 데이빗은 덥고 끈끈한 것보다는 차라리 추운 게 낫다고 말합니다.

Rachel I get cold really easily. I just can't stand the freezing winter here.
저는 추위를 정말 많이 타요. 이곳의 얼음장 같은 날씨를 견딜 수가 없어요.

David Then you can just put on more clothes. But what can you do when it gets really hot and muggy?
그럼 옷을 더 입으면 되잖아요. 정말 덥고 후덥지근해지면 뭘 할 수 있는데요?

Rachel Haha, that's what the A/C is for!
하하, 그래서 에어컨이 있는 거죠!

> **Tips** 미국에서는 에어컨을 A/C라고 부르는 경우가 많습니다. Air conditioner의 약자죠. 하지만 air con이라고 하지는 않습니다.
> · **Is the A/C working? Why is it still hot?** 에어컨 작동하는 거야? 왜 아직도 이렇게 더운 거지?

Vocab
complain about ~에 대해 불평하다   prefer A to B B보다 A를 좋아하다   sticky 끈끈한
can't stand ~를 참을 수가 없다   budding 싹틈, 발아

🎁 Useful Expressions

1. 봄 날씨에 대해 말할 때 　　　　　　　　　　　🎧 MP3 01-04-02

A What do you like about spring?
봄이 왜 좋으세요?

B I like the budding of the trees and the warming of the temperature.
나무에 싹이 트고 날씨도 따뜻하잖아요.

· When is the first day of spring?
입춘이 언제인가요?

· How come it's still cold in spring?
봄인데 왜 아직도 춥지?

 Tips What do you like about spring?은 직역하면 '봄에 관해서 무엇을 좋아합니까?'라는 뜻이 되겠죠? 이는 상대방에게 '봄을 왜 좋아하는지' 묻는 말로 보면 됩니다. 즉 '봄의 어떤 점이 좋은가요?'라고 물어보는 것과 마찬가지입니다.

2. 여름 날씨에 대해 말할 때 　　　　　　　　　　🎧 MP3 01-04-03

A It's summer and the heat is on.
여름이라 덥네요.

B I know it's too hot! I can't even sleep at night.
그러게 너무 더워요! 밤에 잠도 못 자요.

· The days around June 20 are the longest of the year.
6월 20일 전후가 연중 낮이 가장 긴 때죠.

· I really hate humidity.
저는 습한 게 너무 싫어요.

 Tips The heat is on.에서 on은 마치 전자제품의 스위치가 '켜져 있는' 것처럼 무언가가 '작동하는'이라는 뜻입니다. 여기서는 the heat, 즉 '더운 열기'가 작동한다는 말이니까 '더운 날씨가 시작되었다'라는 뜻입니다.

3. 가을 날씨에 대해 말할 때

A **Since I was a boy, fall has always been my favorite season.**
저는 어린 소년일 때부터 항상 가을을 제일 좋아했어요.

B **But you have to go to school in the fall!**
하지만 가을에는 학교에 가야 하잖아요!

- **Leaves are turning from green to gold and red.**
  푸른 잎들이 노랗고 빨갛게 변하고 있어요.

- **I like the cooler nights of the fall.**
  가을에는 밤 공기가 선선해서 좋아요.

 '가을'은 fall이라 하기도 하고 autumn이라는 단어로 표현하는 경우도 있습니다. 단풍을 설명할 때는 The leaves change color. '잎의 색이 변한다.'라고 간단하게 말할 수도 있습니다.

4. 겨울 날씨에 대해 말할 때

A **When you think of winter, what do you imagine?**
겨울 하면 뭘 상상해요?

B **Sledding, icicles and snowball fights.**
썰매, 고드름, 눈싸움이요.

- **When it's winter in Korea, it's summer in Australia.**
  한국이 겨울이면 호주는 여름입니다.

- **January and February are the coldest months in my country.**
  우리 나라는 1, 2월이 가장 추운 달입니다.

 눈싸움할 때의 눈 뭉치를 snowball이라고 합니다. 눈사람은 snowman이라고 표현하죠. 한국이 있는 북반구는 the Northern Hemisphere라 하고, 호주가 있는 남반구는 the Southern Hemisphere라고 하면 됩니다.

Vocab

favorite 가장 좋아하는   season 계절

Speaking Practice

문장을 여러 번 반복해 읽으면서 따라 하면 더 오랫동안 머릿속에 남고 자신도 모르게 말문이 터집니다.

1. 다음 문장을 듣고 □에 횟수를 체크해가며 큰 소리로 따라 해보세요. MP3 01-04-06

① David complains about the hot weather. □ □ □ □ □
② I just can't stand the freezing winter here. □ □ □ □ □
③ How come it's still cold in spring? □ □ □ □ □
④ It's summer and the heat is on. □ □ □ □ □
⑤ I like the cooler nights of the fall. □ □ □ □ □

2. 다음 문장을 듣고 빈칸을 채우며 말해보세요. MP3 01-04-07

① 레이첼은 겨울보다 여름을 좋아합니다.
→ Rachel _____ summer to winter.

② 너무 더워요. 밤에 잠도 못 자요.
→ It's too hot. I can't even sleep _____ _____.

③ 제가 가장 좋아하는 계절은 가을이에요.
→ Fall is my _____ season.

④ 저는 습한 게 너무 싫어요. → I hate the _____.

⑤ 우리 나라는 1, 2월이 가장 추운 달이에요.
→ January and February are the _____ months in my country.

3. 다음 대화문 중 A의 말을 듣고 적절히 답해보세요. MP3 01-04-08

① A: What do you like about spring? 봄이 왜 좋으세요?
B: _____.

② A: When is the first day of fall? 입추가 언제인가요?
B: _____.

③ A: When you think of winter, what do you imagine? 겨울 하면 뭘 상상하세요?
B: _____.

Unit 04. The weather

① 데이빗은 더운 날씨에 대해 불평합니다.
② 난 이곳의 추운 날씨를 못 견디겠어요.
③ 봄인데 왜 아직도 추운 거지?
④ 여름이 되니 더워졌어요.
⑤ 가을은 밤에 선선해서 좋아요.

① **prefers** '~를 더 좋아하다'라는 의미의 prefer 뒤에 s가 필요합니다. 주어가 3인칭단수이기 때문입니다.

② **at night** '밤에'라고 할 때는 전치사 at를 쓰죠. night 앞에는 the를 붙이지 않습니다.

③ **favorite** '가장 좋아하는'이라는 어감은 favorite으로 나타냅니다.

④ **humidity** '습도'라는 뜻이지만 여름 날씨에 대해 이야기할 때는 '습한 날씨'라는 뜻!

⑤ **coldest** '가장 추운'은 최상급을 써서 (the) coldest로 나타내죠.

① I like the warming of the temperature. / I like the warmer temperature.

날씨가 따뜻해지는 게 좋습니다. / 따뜻한 날씨가 좋습니다.

봄의 어떤 점을 좋아하는지 묻는 말입니다. '(겨울보다) 따뜻한 기온'이라는 표현은 warmer temperature라고 하면 됩니다.

② It's August 7. / I think it's around August 10.

8월 7일이요. / 8월 10일경 같아요.

입추는 8월 7일이지만 확실히 모를 때는 around를 써서 '~경'이라고 해도 됩니다.

③ I imagine ice skating and hot chocolate. / I think of Christmas!

저는 아이스 스케이트와 핫쵸코가 생각나요. / 저는 크리스마스가 생각나요!

질문은 imagine이라는 말로 주어졌지만 think of를 써서 답할 수도 있습니다.

Unit 05 Numbers
숫자

Unit 05

Numbers

숫자

Dialogue

David invites Rachel to a party. Rachel seems to be interested. David says that the party will be on Saturday, August 7. 데이빗은 레이첼을 파티에 초대합니다. 레이첼은 관심이 있는 듯 하네요. 데이빗은 파티가 8월 7일 토요일에 있을 거라고 말합니다.

Rachel Where is the party going to be at?
파티 장소는 어디인데요?

David The Vega Club on Main Street. It starts at 8 P.M. on August 7th.
메인 스트리트에 있는 더 베가 클럽에서요. 8월 7일 오후 8시에 시작해요.

Rachel OK, I think I can be there at about 8:30.
알았어요. 8시 반쯤 갈 수 있을 것 같네요.

> **Tips** 날짜를 표기할 때는 August 7이라고 하는 경우도 있고 August 7th라고 하기도 합니다. 읽을 때는 August 7도 August 7th처럼 읽는 경우가 많죠.
> A : Is today the first? 오늘 1일인가요?
> B : Yes, September 1st. 네, 9월 1일입니다.

Vocab

win first place 1위를 하다   what kind of 어떤 종류의   large city 대도시

Useful Expressions

1. 숫자를 읽을 때

🎧 MP3 01-05-02

A **How much money do you have?**
너 돈 얼마나 있어?

B **I got 25,000 won.**
25,000원 있어.

· **What is 870 times 11?**
870 곱하기 11은 얼마지?

· **Give me your 100%!**
네가 가진 걸 100% 모두 보여줘!

> **Tips** 우리나라에서는 숫자 하나하나에 단위를 붙여서 일, 십, 백, 천, 만으로 읽지만 영어에서는 숫자를 세 개 단위로 끊어서 읽지요. 25,000은 그래서 25x1,000으로 생각해 twenty-five thousand로 읽습니다. 천 단위 이하의 숫자는 우리나라 말에서와 같은 방법으로 읽으면 됩니다. 마지막 문장의 100은 one hundred라고 하기도 하고 a hundred라고 읽기도 합니다.

2. 서수를 읽을 때

🎧 MP3 01-05-03

A **I won first place in the contest!**
나 대회에서 1등 했어!

B **Congratulations! What kind of contest was it?**
축하해! 무슨 대회였는데?

· **Busan is the second largest city in Korea.**
부산은 한국에서 두 번째로 큰 도시입니다.

· **I don't understand the third sentence.**
세 번째 문장을 이해 못하겠어요.

> **Tips** 1, 2, 3의 서수는 각각 first, second, third라고 합니다. 그 다음부터는 숫자 뒤에 th를 붙이죠. 예를 들어 '네 번째'는 fourth, '다섯 번째'는 fifth가 됩니다. five를 fiveth로 바꾸지 않고 fifth 형태로 쓰는 것처럼, 서수를 만드는 데 예외는 있습니다.

3. 연도를 읽을 때

A I've been living in this apartment since 2005.
저는 2005년부터 이 아파트에 살고 있어요.

B Oh, yeah? I've been moving about once a year.
그래요? 저는 1년에 한 번 꼴로 이사를 다니고 있는데.

· I was born in 1995.
저는 1995년에 태어났습니다.

· Korea hosted the World Cup back in 2002.
한국은 지난 2002년에 월드컵을 개최했어요.

Tips 연도는 두 자리씩 끊어서 읽습니다. 1995년은 그래서 우리말에서처럼 '천구백구십오'로 읽는 것이 아니라 19를 읽은 후 바로 95를 붙여서 읽습니다. 즉 nineteen ninety-five라고 읽는 것이 맞습니다. 다만 2000년부터 2009년까지는 숫자 그대로 two thousand, two thousand (and) nine과 같이 읽죠.

4. 시간을 말할 때

A What time is it?
지금 몇 시인가요?

B It's 9:05.
9시 5분이요.

· I'll be back at around noon.
정오쯤 다시 올게요.

· I went to bed at midnight last night.
저는 어젯밤 자정에 잤어요.

Tips 시간은 시와 분을 나누지 않고 그대로 이어서 읽습니다. 그래서 '9시 5분'은 nine o five라고 말하죠. 정오나 자정은 twelve o'clock이라고 해도 되지만, 각각 noon과 midnight으로 표현하는 경우가 많습니다.

Vocab

move 이사하다	host 개최하다	back in 지난 ~년에
at noon 정오에	go to bed 잠자리에 들다	at midnight 자정에

Speaking Practice

문장을 여러 번 반복해 읽으면서 따라 하면 더 오랫동안 머릿속에 남고 자신도 모르게 말문이 터집니다.

1. 다음 문장을 듣고 □에 횟수를 체크해가며 큰 소리로 따라 해보세요. MP3 01-05-06

① David invites Rachel to a party.
② I think I can be there at about 8:30.
③ Give me your 100%!
④ I won first place in the contest!
⑤ I've been living in this apartment since 2005.

2. 다음 문장을 듣고 빈칸을 채우며 말해보세요. MP3 01-05-07

① 8월 7일 오후 8시에 시작해요. → It starts at 8 P.M. on _____.

② 난 25,000원 있어. → I got _____ won.

③ 부산은 한국에서 두 번째로 큰 도시입니다.
→ Busan is the _____ largest city in Korea.

④ 대한민국은 지난 2002년에 월드컵을 개최했었습니다.
→ Korea _____ the World Cup back in 2002.

⑤ 나는 어젯밤 12시에 잠자리에 들었어요.
→ I went to bed at _____ last night.

3. 다음 대화문 중 A의 말을 듣고 적절히 답해보세요. MP3 01-05-08

① A: Where is the party going to be at? 파티가 어디에서 열리나요?
   B: _____.

② A: How much money do you have? 너 돈 얼마나 가지고 있니?
   B: _____.

③ A: What time is it? 지금 몇 시인가요?
   B: _____.

Unit 05. **Numbers** 41

1
① 데이빗은 레이첼을 파티에 초대합니다.
② 여덟 시 반쯤 갈 수 있을 것 같아요.
③ 네 실력을 100% 모두 보여줘!
④ 나 대회에서 1등 했어요!
⑤ 나는 2005년부터 이 아파트에 살고 있어요.

2
① **August 7th** '8월 7일'은 August 7th 혹은 August 7으로 나타냅니다.
② **25,000** '2만 5천'이라고 할 때는 twenty-five thousand라고 읽어요. 연습해보세요.
③ **second** '두 번째'라는 two의 서수는 second로 나타냅니다.
④ **hosted** '개최했다'라는 뜻으로 host의 과거형이 필요합니다!
⑤ **midnight** '자정'은 '밤의 가운데'라는 어감의 midnight으로 나타냅니다.

3
① **The Vega Club on Main Street. / At my house.**
메인 스트리트에 있는 더 베가 클럽에서요. / 우리 집에서요.
파티 장소를 묻는 말이죠. 길에 면해 있다고 할 때는 전치사 on을 쓰면 됩니다.

② **I got 25,000 won. / I think I have about 100 dollars.**
난 25,000원 있어. / 난 100달러 정도 있는 것 같아.
영어에서는 숫자를 세 단위로 끊어 읽는다는 것을 잊지 마세요!

③ **It's 9:05. / It is 1 o'clock sharp.**
9시 5분입니다. / 1시 정각입니다.
1 o'clock sharp는 '정각 한 시'라는 뜻입니다.

Unit 06 Frequency
빈도

Unit 06 Frequency

빈도

Dialogue MP3 01-06-01

Rachel meets Tom at the club. Tom wants to know how often she goes to clubs. Rachel doesn't really go dancing too often. 레이첼은 클럽에서 탐을 만납니다. 탐은 레이첼이 클럽에 얼마나 자주 가는지 알고 싶어 합니다. 레이첼은 사실 그렇게 자주 춤추러 가지는 않습니다.

Rachel How about you? Do you go clubbing often?
당신은요? 클럽에 자주 가나요?

Tom Not too often. Mainly just to go to my friends' parties.
별로 자주는 안 가요. 그냥 친구들 파티에 참석하려고 가는 경우가 많죠.

Rachel Me, too. I like being at quiet places better.
나도 그래요. 조용한 장소에 있는 게 더 좋아요.

> **Tips** 빈도를 물을 때는 How often으로 문장을 시작하는 경우가 많습니다. often을 읽을 때는 중간의 t를 발음하기도 하고 하지 않기도 해요.
> A : How often does he run? 그는 얼마나 자주 달리기를 하나요?
> B : About twice a week. 일주일에 두 번쯤이요.

Vocab

how often 얼마나 자주   go dancing 춤추러 가다   go clubbing 클럽에 가다   quiet 조용한
get gas 주유하다   allowance 용돈

 Chapter 01. 일상생활

Useful Expressions

1. 횟수를 말할 때 🔊 MP3 01-06-02

A **How often do you get gas?**
너 주유 얼마나 자주 해?

B **About once a week.**
일주일에 한 번 정도.

· **I go to my yoga class twice a week.**
나는 일주일에 두 번 요가수업에 갑니다.

· **I give my daughter allowances once a month.**
나는 우리 딸에게 한 달에 한 번 용돈을 줍니다.

> 한 번은 once, 두 번은 twice라고 합니다. 세 번은 thrice라는 단어가 있지만 잘 사용하지 않고 three times라고 표현합니다. 네 번부터는 같은 방식으로 four times, five times 등으로 말하면 됩니다. 일주일에 한 번, 한 달에 한 번과 같은 표현들은 부정관사 a를 사용해서 once a week, once a month로 나타내죠.

2. 빈도부사를 사용할 때 🔊 MP3 01-06-03

A **What do you usually do in the evening?**
저녁에는 보통 뭘 해?

B **I have dinner and then watch TV for about an hour.**
저녁을 먹고 한 시간 정도 TV를 봐.

· **I sometimes visit my relatives in Kunsan.**
저는 가끔 군산에 있는 친척들을 방문합니다.

· **I rarely go to the doctor.**
저는 거의 병원에 가지 않아요.

> 빈도부사는 일반동사 앞에 위치합니다. 정확히 확률을 나타낼 수는 없지만 usually는 80% 정도, sometimes는 30~40% 정도, rarely는 50~10% 정도의 빈도를 표현한다고 보면 됩니다. 특히 rarely는 not과 거의 같은 수준으로, 문장도 부정문처럼 취급하는 경우가 많습니다.

3. 항상 하는 행동일 때

A I've always lived in Korea my whole life.
저는 평생을 한국에서 살고 있어요.

B Really? But have you visited other countries?
정말이요? 그래도 외국을 방문해본 적 있나요?

· I was always a naughty boy.
저는 항상 못된 짓을 하는 소년이었어요.

· Koreans always eat rice and Kimchee.
한국인은 늘 밥과 김치를 먹죠.

 Tips 예외 없이 항상 하는 행동은 always를 써서 나타냅니다. always도 빈도부사인데, 빈도가 100%인 셈이죠. always를 비롯한 빈도부사들은 일반동사 앞에 위치하는 것이 맞는데, be동사가 나오는 경우에는 be동사 뒤에 써줍니다.

4. 전혀 하지 않는 행동일 때

A Do you smoke?
담배 피우세요?

B No, I don't. In fact, I've never tried smoking.
아니요, 사실 한 번도 안 피워봤어요.

· I'll never be able to win this game.
이 게임은 내가 절대로 이길 수가 없겠어요.

· I never go to bed on an empty stomach.
나는 절대로 배고픈 상태로 잠자리에 들지 않아요.

 Tips 예외 없이 절대로 하지 않는 행동은 never로 나타냅니다. never도 빈도부사인데 빈도가 0%인 셈이죠. never는 not을 대체하기 때문에, never가 들어간 문장은 부정문이 됩니다.

Vocab

naughty 나쁜 짓을 하는   on an empty stomach 공복에

Speaking Practice

문장을 여러 번 반복해 읽으면서 따라 하면 더 오랫동안 머릿속에 남고 자신도 모르게 말문이 터집니다.

1. 다음 문장을 듣고 □에 횟수를 체크해가며 큰 소리로 따라 해보세요. 🎧 MP3 01-06-06

① Tom wants to know how often she goes to clubs. □□□□□
② Do you go clubbing often? □□□□□
③ I watch TV for about an hour. □□□□□
④ I've always lived in Korea my whole life. □□□□□
⑤ I've never tried smoking. □□□□□

2. 다음 문장을 듣고 빈칸을 채우며 말해보세요. 🎧 MP3 01-06-07

① 저는 조용한 곳에 있는 게 더 좋아요.
→ I like being at _____ places better.

② 얼마나 자주 주유를 하세요? → How _____ do you get gas?

③ 저는 병원에 가는 일이 거의 없습니다. → I _____ go to the doctor.

④ 한국인은 항상 밥과 김치를 먹어요.
→ Koreans _____ eat rice and Kimchee.

⑤ 나는 절대로 공복에 잠자리에 들지 않아요.
→ I never go to bed on an _____ stomach.

3. 다음 대화문 중 A의 말을 듣고 적절히 답해보세요. 🎧 MP3 01-06-08

① A: What do you usually do in the evening? 저녁에 주로 무엇을 하나요?
B: _____.

② A: Have you visited other countries? 다른 나라에 가본 적 있나요?
B: _____.

③ A: Do you smoke? 담배 피우세요?
B: _____.

Unit 06. Frequency 47

① 탐은 그녀가 클럽에 얼마나 자주 가는지 알고 싶어 합니다.
② 클럽에 자주 가세요?
③ 저는 한 시간 정도 TV를 봅니다.
④ 나는 평생을 항상 한국에서 살았어요.
⑤ 나는 담배를 한 번도 안 피워봤어요.

---

① **quiet** '조용한'은 quiet로 나타냅니다. qu 발음을 연습하세요.
② **often** '얼마나 자주'라고 질문할 때는 how often으로 의문문을 시작합니다.
③ **rarely** '거의 ~하지 않는다'라는 빈도부사는 rarely로 나타냅니다.
④ **always** '항상'이라는 뜻으로 always라는 빈도부사가 필요합니다.
⑤ **empty** '공복에는 '빈 속에'라는 어감의 on an empty stomach로 나타내죠.

---

① **I have dinner and then watch TV for about an hour. / I help my son with his homework.**
저녁식사를 하고 한 시간 가량 TV를 봅니다. / 저는 아들의 숙제를 도와줍니다.
저녁 시간에 보통 하는 행동을 묻는 말이죠. 도와준다고 할 때는 전치사 with를 쓰면 됩니다.

② **Yes, I've been to the United States. / No, I haven't.**
네, 미국에 가봤어요. / 아니요, 가본 적 없어요.
가본 경험이 있고 없음을 나타낼 때 영어에서는 현재완료시제를 사용합니다.

③ **Yes, I do. / I used to, but I've quit.**
네, 피웁니다. / 피웠었지만 끊었어요.
I've quit.은 '끊었다'라는 뜻입니다.

Unit 07 Pain
통증

Unit 07

Pain
통증

🎲 Dialogue 🎤 MP3 01-07-01

Rachel suddenly feels a headache coming. She wants to go home. Tom gives Rachel a ride home. 레이첼은 갑자기 두통이 시작되는 것을 느낍니다. 그녀는 집에 가고 싶어 하네요. 탐은 레이첼을 집에 데려다 줍니다.

Rachel Thank you so much. I left my car at home.
정말 고마워요. 집에 차를 두고 왔거든요.

Tom No problem. I wanted to take off, too, anyway.
괜찮아요. 저도 어차피 나오고 싶었어요.

Rachel Oh, take a left at the intersection, please.
아, 교차로에서 좌회전해주세요.

 Tips 통증을 말할 때는 신체 부위 다음에 ache를 붙이는 경우가 많습니다. 치통은 toothache, 복통은 stomachache라고 합니다.

Vocab

give someone a ride ~를 차로 데려다 주다   leave ~을 두고 오다   take off 떠나다
intersection 교차로   checkup 검진

⊞ Useful Expressions

1. 두통에 대해 말할 때 MP3 01-07-02

A **I have a splitting headache.**
나 머리가 깨질 것 같아.

B **You do? Do you have painkillers?**
그래? 진통제 있어?

· **My head hurts from speaking English.**
영어로 말을 했더니 머리가 아파.

· **My headache is finally gone.**
드디어 두통이 사라졌어.

> **Tips** 깨질 것처럼 머리가 아플 때는 splitting headache라고 합니다. split이라는 단어는 '가르다'라는 뜻으로 머리칼 끝이 갈라진 것을 두고 split ends라고 말하기도 하죠. 그래서 '머리가 갈라지는 듯 아프다'라는 표현으로 splitting headache를 쓰는 것입니다.

2. 치통에 대해 말할 때 MP3 01-07-03

A **What can you do about a toothache?**
치통에는 어떻게 해야 하지?

B **You can go see a dentist.**
치과 치료를 받으면 낫지.

· **I got my teeth cleaned last week.**
저는 지난주에 스켈링을 받았어요.

· **I am due for a dental checkup.**
저는 치과 검진을 받을 때가 됐어요.

> **Tips** 병원에 갈 때는 see a doctor라는 표현을 씁니다. 그래서 치과에 갈 때는 see a dentist라고 표현하면 됩니다. 또 스켈링은 영어로 get one's teeth cleaned로 풀어서 나타내는 경우가 많습니다.

3. 복통에 대해 말할 때

A I've had this stomachache for days now.
저는 며칠째 배가 아파요.

B Are you taking anything for it?
약은 드시나요?

· I have an upset stomach.
저 체했어요.

· I have severe diarrhea.
설사가 심한데요.

> **Tips** 참고로 소화불량은 indigestion으로 나타냅니다. digestion이 '소화'인데 그 앞에 in이라는 접두사를 붙여서 반대말을 만들어준 셈이죠. 또 변비는 constipation이라는 단어를 씁니다.

4. 뼈가 부러졌을 때

A What happened to your leg?
다리가 왜 그래요?

B It's broken. I'm in so much pain.
부러졌어요. 너무 아파요.

· I've never broken bones before.
나는 뼈가 부러져본 적이 한 번도 없어요.

· I got my left arm broken and had to wear a cast.
나는 왼쪽 팔이 부러져서 깁스를 해야 했어요.

> **Tips** break는 '부러뜨리다'라는 타동사이기 때문에 '부러졌다'는 뉘앙스는 과거분사인 broken으로 나타내야 합니다. 깁스는 영어로 cast라고 합니다.

Vocab

for days 며칠 동안   severe 심한   in pain 통증을 느끼는

Speaking Practice

문장을 여러 번 반복해 읽으면서 따라 하면 더 오랫동안 머릿속에 남고 자신도 모르게 말문이 터집니다.

1. 다음 문장을 듣고 □에 횟수를 체크해가며 큰 소리로 따라 해보세요. MP3 01-07-06

① I left my car at home. □ □ □ □ □
② My headache is finally gone. □ □ □ □ □
③ I am due for a dental checkup. □ □ □ □ □
④ I've had this stomachache for days now. □ □ □ □ □
⑤ I've never broken bones before. □ □ □ □ □

2. 다음 문장을 듣고 빈칸을 채우며 말해보세요. MP3 01-07-07

① 교차로에서 좌회전하세요. → Take a left at the _____.
② 머리가 깨질 듯 아파요. → I have a _____ headache.
③ 저는 지난주에 스켈링을 받았습니다. → I got my teeth _____ last week.
④ 저 체했어요. → I have an _____ stomach.
⑤ 나는 심한 통증을 느끼고 있어요. → I'm _____ so much pain.

3. 다음 대화문 중 A의 말을 듣고 적절히 답해보세요. MP3 01-07-08

① A: How often do you get headaches? 얼마나 자주 머리가 아프세요?
B: _____.

② A: What can you do about a toothache? 치통에는 어떻게 해야 할까요?
B: _____.

③ A: What happened to your leg? 다리가 왜 그래요?
B: _____.

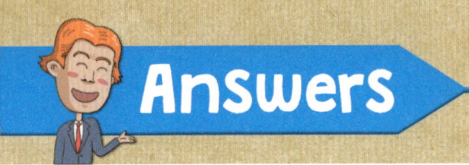

1
① 차를 집에 두고 왔어요.
② 두통이 드디어 사라졌어요.
③ 저는 치과검진을 받을 때가 됐어요.
④ 나는 며칠째 배가 아파요.
⑤ 나는 뼈가 부러진 적이 한 번도 없어요.

2
① **intersection** '교차로'는 intersection으로 나타냅니다. inter의 발음은 [이너]라고 소리내기도 해요.
② **splitting** '깨질 듯 아픈 두통'이라고 할 때는 splitting headache라고 표현하죠.
③ **cleaned** '스켈링을 받다'는 get one's teeth cleaned로 나타냅니다.
④ **upset** '뒤집힌'이라는 뜻으로, upset stomach라고 하면 체한 상태를 나타내요.
⑤ **in** '통증을 느끼는'이라는 표현은 in pain으로 나타내죠.

3
① **I get headaches whenever I drink coffee. / I rarely get headaches.**
저는 커피를 마실 때마다 머리가 아픕니다. / 저는 좀처럼 두통을 앓지 않아요.
머리가 얼마나 자주 아픈지를 묻는 말이죠. '~할 때마다'라고 말할 때는 whenever를 씁니다.

② **You can take painkillers. / You should go see a dentist.**
진통제를 먹는 게 좋겠어요. / 치과 진료를 받는 게 좋겠어요.
진통제는 painkiller라고 합니다. 약을 복용할 때 동사는 take를 씁니다.

③ **It's broken. / I sprained my ankle.**
부러졌어요. / 발목을 삐었어요.
I sprained my ankle.은 '발목을 삐었다'라는 뜻입니다.

54 Chapter 01. 일상생활

Unit 08 How I look
외모

Unit 08

How I look

외모

🟢 Dialogue 🔊 MP3 01-08-01

Rachel is having lunch with Ross. She tells him about last night's party. Rachel is not eating much. Ross is wondering why. 레이첼은 로스와 점심을 먹고 있습니다. 어젯밤 파티에 대해서 이야기하네요. 레이첼은 많이 먹지를 않습니다. 로스는 왜 그런지 궁금합니다.

Rachel I'm on a diet. I've gained weight, you know.
나 다이어트 중이야. 몸무게가 늘었거든.

Ross I can't tell. You look the same.
티도 안 나는데. 똑같아 보여.

Rachel Oh, that's because you're a guy. All my girlfriends have noticed.
아, 그건 네가 남자라서 그래. 내 여자친구들은 다 알아봤어.

> **Tips** 외모에 대해 말할 때는 look을 많이 씁니다. look at something은 '~를 보다'라는 뜻이지만 주어 다음에 동사로 look을 사용하면 '~하게 보인다'라는 의미거든요.
> A : **You look different.** 너 뭔가 달라 보여.
> B : **It's because I got a haircut.** 왜냐하면 머리를 잘랐거든.

Vocab
have lunch 점심을 먹다   wonder 궁금해하다   on a diet 다이어트를 하는
gain weight 체중이 늘다   tell 구분하다

Useful Expressions

1. 체중에 대해 말할 때

A I have gained 2kg since last month.
나 지난달 이후로 2kg 늘었어.

B You have? I wouldn't have known if you hadn't told me.
그래? 네가 말 안 했으면 몰랐을 거야.

· My husband has lost weight lately.
우리 남편은 최근 체중을 감량했어요.

· She has lost 5 lbs and kept it off.
그녀는 5파운드를 뺀 상태로 체중을 유지하고 있어요.

Tips '체중이 늘다'는 gain weight, '체중이 줄다'는 lose weight을 쓰죠. 체중 감량에 성공한 이후 요요 현상 없이 줄어든 체중을 계속 유지할 때 keep it off라는 표현을 씁니다. 여기서 off는 '떨어져 나간', '사라진'의 의미라고 생각하면 됩니다.

2. 머리 모양에 대해 말할 때

A What have you done to your hair?
너 머리 뭐 한 거야?

B I got a perm. Do you like it?
파마 했는데. 마음에 들어?

· I got my hair colored in red.
나는 머리를 빨간색으로 염색했어.

· I am going to get hair highlights.
저는 머리에 하이라이트를 줄 거예요.

Tips 머리를 할 때는 get one's hair done이라는 표현도 씁니다. 우리말과 비슷한 구조(하다 - do)로 되어 있죠? 또 파마를 할 때는 get a perm이라고 하는데, 이 perm을 우리말로 '파마'라고 읽는 것입니다.

3. 얼굴에 대해 말할 때

A It's been a while since I saw you!
오랜만에 보네요!

B Yeah. You haven't changed a bit!
네. 하나도 안 변했네요!

· I have a pimple on my chin.
턱에 여드름이 났어.

· What should I do to get rid of these wrinkles?
이 주름들을 없애려면 어떻게 해야 하지?

 참고로 여드름은 zit이라고 표현하기도 합니다. 그리고 웃을 때 눈꼬리에 보이는 주름은 crow's feet '까마귀 발'이라고 부르죠.

4. 옷에 대해 말할 때

A Do I look fat in these jeans?
나 이 청바지 입으니까 뚱뚱해 보여?

B Not at all. They look good on you.
전혀. 잘 어울리는데.

· Where did you get that dress?
그 원피스 어디서 샀어?

· You look better in a suit than in casual clothes.
너는 캐주얼보다 정장이 더 잘 어울려.

 fat은 자기 자신에게는 쓸 수 있지만 다른 사람에게는 직접적으로 사용하지 않도록 주의해야 하는 단어입니다. 옷이나 모자 등이 잘 어울린다고 할 때는 look good on someone을 씁니다.

Vocab

wrinkle 주름   suit 정장, 양복

Speaking Practice

문장을 여러 번 반복해 읽으면서 따라 하면 더 오랫동안 머릿속에 남고 자신도 모르게 말문이 터집니다.

1. 다음 문장을 듣고 □에 횟수를 체크해가며 큰 소리로 따라 해보세요. MP3 01-08-06

① You look different. ☐ ☐ ☐ ☐ ☐
② I have gained 2kg since last month. ☐ ☐ ☐ ☐ ☐
③ He has lost weight lately. ☐ ☐ ☐ ☐ ☐
④ I have a pimple on my chin. ☐ ☐ ☐ ☐ ☐
⑤ You look better in a suit than in casual clothes. ☐ ☐ ☐ ☐ ☐

2. 다음 문장을 듣고 빈칸을 채우며 말해보세요. MP3 01-08-07

① 난 다이어트 중이야. → I'm _____ a diet.
② 똑같아 보이는데요. → You look the _____.
③ 그녀는 5파운드를 빼고 그 체중을 유지하고 있어요.
　→ She has lost 5 lbs and kept it _____.
④ 오랜만이네요! → It's been a while _____ I saw you!
⑤ 하나도 안 변했네요! → You haven't _____ a bit!

3. 다음 대화문 중 A의 말을 듣고 적절히 답해보세요. MP3 01-08-08

① A: What have you done to your hair? 머리에 뭘 한 거니?
　B: _____.

② A: What should I do to get rid of these wrinkles? 이 주름들을 없애려면 어떻게 하지?
　B: _____.

③ A: Where did you get that dress? 그 원피스 어디서 샀니?
　B: _____.

Unit 08. How I look 59

Answers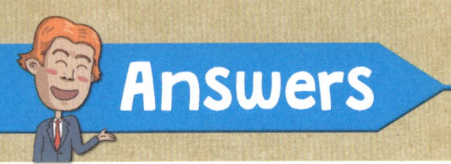

1
① 너 달라 보이는데.
② 지난달 이후로 2kg 늘었어요.
③ 그는 최근 체중이 줄었어요.
④ 나는 턱에 여드름이 났어.
⑤ 너는 캐주얼보다 정장이 잘 어울려.

2
① **on**   '다이어트 중이다'라는 표현은 be on a diet로 나타냅니다.
② **same**   '똑같다'고 할 때는 the same이라고 표현하죠.
③ **off**   '빠진 체중을 유지하고 있다'는 keep (it) off로 나타냅니다.
④ **since**   '지난 번 만난 이후로' 시간이 오래 지났다는 어감이어서 since가 필요해요.
⑤ **changed**   '변하다'라는 의미인 change의 과거분사가 들어가야 합니다.

3
① **I got a perm. / I got a haircut.**
나 파마했어. / 나 머리 잘랐어.
머리에 어떤 변화를 주었는지 묻는 말이죠. '머리를 잘랐다'고 말할 때는 I got a haircut.이라고 합니다.

② **You should use an eye cream. / There is nothing you can do.**
아이크림을 사용해봐. / 어쩔 수 없어.
There is nothing you can do.는 '네가 할 수 있는 일은 없어.'라는 뜻입니다.

③ **I got it at the mall. / I bought it online.**
쇼핑몰에서 샀어. / 인터넷으로 샀어.
'인터넷으로'는 그냥 online이라는 부사만 써도 됩니다.

Unit 09 Personality
성격

Unit 09 Personality
성격

🎲 Dialogue 🎧 MP3 01-09-01

Rachel asks Ross about David. Ross says David is an easygoing person. Ross asks Rachel what Tom is like. 레이첼은 로스에게 데이빗에 대해 물어봅니다. 로스는 데이빗이 느긋한 성격이라고 말하네요. 로스는 레이첼에게 탐이 어떤 사람인지 묻습니다.

Rachel He's a neat person, I think. His car was spic and span. 그는 깔끔한 사람인 것 같아. 차가 광이 날 정도로 깨끗했거든.

Ross Haha, just the opposite of you, then.
하하. 그럼 너랑은 완전 반대구나.

Rachel Oh, thanks for telling me that I'm a slob.
오, 내가 지저분하다는 사실 알려줘서 고마워.

 Tips 성격에 대해 말할 때는 be동사를 쓰기도 하고, have a _____ personality라는 표현을 사용하기도 합니다. 예를 들어 He has a great personality.라고 하면 '그 사람은 성격이 정말 좋아.'라는 뜻입니다.
 A : You are always so kind. 당신은 항상 친절하네요.
 B : Thank you. You're a nice person, too! 고마워요. 당신도 좋은 사람이에요!

Vocab
easygoing 느긋한, 태평한	neat 깔끔한	spic and span 반짝반짝 광이 나는
opposite 반대의	slob 지저분한 사람	make mistakes 실수하다

Useful Expressions

1. 겸손한 성격에 대해 말할 때

A **I can't get all the credit for this. Many people helped me.**
이 일은 내가 다 했다고 볼 수 없어. 도와준 사람들이 많거든.

B **You're so humble. You can be proud of what you've done!**
참 겸손하구나. 네가 한 일을 자랑스럽게 생각하렴!

· **I'm not the only one who can do this.**
이 일을 할 수 있는 사람은 나뿐만이 아니야.

· **She is not afraid to make mistakes.**
그녀는 실수를 두려워하지 않아요.

> **Tips** '겸손'은 humbleness라고 표현하기도 하고 humility라는 단어를 쓰기도 합니다. 그런데 humiliation을 쓰면 '굴욕'이라는 뜻으로 의미가 달라지기 때문에 조심해야 합니다.

2. 거만한 성격에 대해 말할 때

A **What's wrong with those girls? They're all so stuck up.**
저 여자애들은 왜 저래? 하나같이 거만하네.

B **They're the most popular girls at school. They think they can do whatever they want.**
학교에서 제일 인기 있는 여학생들이거든. 원하는 것은 무엇이든 할 수 있다고 생각해.

· **I don't like arrogant people.**
난 오만한 사람들을 좋아하지 않아.

· **He's so self-centered and selfish.**
그는 정말 자기중심적이고 이기적이야.

> 자기중심적인 사람에게는 egotistic이라는 표현도 씁니다. 또 안하무인격이라는 말로 bossy도 있죠. boss를 형용사로 만들어서 '다른 사람을 하인 부리듯 하는'이라는 뜻으로 사용되는 단어입니다.

3. 느긋한 성격에 대해 말할 때

A **Michael is so laid back.**
마이클은 참 느긋해.

B **Yeah. He just goes with the flow.**
맞아. 그냥 흐름에 따라가는 성격이야.

· **Don't create a fuss.**
난리 치지 마.

· **She keeps her cool even under a lot of stress.**
그녀는 스트레스를 많이 받을 때도 침착해.

 참고로 다른 사람이 뭐라고 하든 신경 쓰지 않는 사람은 He/She doesn't care what other people say. '그/그녀는 다른 사람이 뭐라고 하든 신경 쓰지 않는다.'라고 합니다.

4. 성급한 성격에 대해 말할 때

A **Dan can't get along with people.**
댄은 사람들과 잘 어울리지 못해.

B **No wonder. He's so short tempered.**
당연하지. 성격이 그렇게 급한데.

· **I can't stand lazy people.**
나는 게으른 사람들은 못 참아.

· **You need to stop and smell the roses.**
너는 여유를 가질 필요가 있어.

 stop and smell the roses는 잠시 멈추고 장미 향기를 맡으라는 말입니다. 작은 일에 더 관심을 기울이는 여유를 가지고 살아가라는 말이죠.

Vocab
under stress 스트레스를 받는   can't stand ~를 못 참다

Speaking Practice

문장을 여러 번 반복해 읽으면서 따라 하면 더 오랫동안 머릿속에 남고 자신도 모르게 말문이 터집니다.

1. 다음 문장을 듣고 ☐에 횟수를 체크해가며 큰 소리로 따라 해보세요. MP3 01-09-06

① You are always so kind. ☐ ☐ ☐ ☐ ☐
② She is not afraid to make mistakes. ☐ ☐ ☐ ☐ ☐
③ He's so self-centered and selfish. ☐ ☐ ☐ ☐ ☐
④ She keeps her cool even under a lot of stress. ☐ ☐ ☐ ☐ ☐
⑤ You need to stop and smell the roses. ☐ ☐ ☐ ☐ ☐

2. 다음 문장을 듣고 빈칸을 채우며 말해보세요. MP3 01-09-07

① 나는 지저분한 사람이야. → I'm a _____.
② 참 겸손하시네요. → You're so _____.
③ 나는 거만한 사람들은 싫어. → I don't like _____ people.
④ 요란 떨지 마. → Don't create a _____.
⑤ 나는 게으른 사람들은 못 참겠어. → I can't _____ lazy people.

3. 다음 대화문 중 A의 말을 듣고 적절히 답해보세요. MP3 01-09-08

① A: What kind of person is Tom? 탐은 어떤 사람이니?
  B: _____.

② A: What's wrong with those stuck up girls? 저 거만한 여자애들은 왜 저래?
  B: _____.

③ A: Why can't Dan get along with other people?
  댄은 왜 다른 사람들과 어울리질 못하니?
  B: _____.

Unit 09. **Personality** 65

1
① 너는 항상 친절하구나.
② 그녀는 실수를 두려워하지 않아요.
③ 그는 아주 자기중심적이고 이기적입니다.
④ 그녀는 스트레스를 많이 받아도 침착합니다.
⑤ 너는 여유를 좀 가져야 해.

2
① slob   '깔끔하지 못한 사람'은 slob으로 나타냅니다.
② humble   '겸손한'이라고 할 때는 humble로 표현하죠.
③ arrogant   '거만한, 오만한'은 arrogant로 나타냅니다.
④ fuss   '난리법석, 요란'이라는 어감의 단어입니다.
⑤ stand   '참지 못하다'라는 말은 can't stand로 표현합니다.

3
① I think he's a neat person. / He has a big head.
그는 깔끔한 사람이야. / 그는 잘난 체를 해.
탐이 어떤 사람인지 묻는 말이죠. '잘난 체한다'고 할 때는 have a big head라고 합니다.

② They think they can do whatever they want. /
I don't get them, either.
원하는 것은 무엇이든 할 수 있다고 생각하나 봐. / 나도 쟤들이 이해가 안 가.
I don't get them, either.는 '나도 저 애들이 이해가 안 가.'라는 뜻입니다.

③ It's because he is short-tempered. /
Because he gets mad all the time.
왜냐하면 그는 성미가 급하거든. / 왜냐하면 그는 항상 화를 내거든.
'항상 화를 내는'이라는 표현은 get mad all the time이라고 합니다.

Unit 10 Free time
여가

Unit 10

Free time
여가

🎲 Dialogue MP3 01-10-01

Rachel calls her friend Ava. Ava says she wants to go shopping. Rachel asks Ava where she would like to go. 레이첼은 친구 에이바에게 전화를 합니다. 에이바는 쇼핑을 가고 싶다고 하네요. 레이첼은 에이바에게 어디로 가고 싶은지 묻습니다.

Ava How about going to a department store? They're having a sale.
백화점에 가면 어떨까? 세일하잖아.

Rachel OK, do you have anything in mind to buy?
좋아. 살 게 있는 거야?

Ava Oh, I'm thinking of getting a hat for my vacation.
아, 휴가 때 쓸 모자를 하나 살까 생각 중이야.

> **Tips** 백화점 외의 쇼핑 장소로는 a mall '쇼핑몰', an outlet mall '할인매장', a street vendor '노점상' 등이 있습니다. 인터넷에서 샀다고 하려면 I bought (this) on the Internet.이라고 합니다.
>
> A : That's a nice outfit. Where did you get it? 옷 멋있다. 어디서 났어?
> B : I found it at a flea market! 벼룩시장에서 발견했어!

Vocab
go shopping 쇼핑을 가다   department store 백화점   go for a run 달리기를 하러 가다
take a nap 낮잠 자다   co-worker 동료

⬠ Useful Expressions

1. 게임에 대해 말할 때   MP3 01-10-02

A **What kind of game are you playing?**
무슨 게임 하는 거야?

B **Our Wicked World. It's a strategy game.**
'우리의 사악한 세상.' 전략 게임이야.

· **I'm a big fan of board games.**
나는 보드게임 하는 것을 아주 좋아해.

· **Do you want to play some pool?**
포켓볼 치러갈래?

> **Tips** 게임을 하는 목적에 대해 말할 때는 I play games to kill time. '저는 시간을 죽이기 위해 게임을 합니다.', I play games when I get stressed out. '저는 스트레스를 받을 때 게임을 합니다.' 등의 문장들을 생각해볼 수 있습니다.

2. 운동에 대해 말할 때   MP3 01-10-03

A **I'm going for a short run. Do you want to come with?**
잠깐 뛰고 오려고. 같이 갈래?

B **No, thank you. I would rather take a nap.**
아니, 사양하겠어. 차라리 낮잠을 자고 말지.

· **I go to a local park when I have free time.**
나는 시간이 나면 동네 공원에 가요.

· **He plays badminton with a co-worker during lunchtime.**
그는 점심시간에 동료와 배드민턴을 쳐요.

> **Tips** 신체적 활동에 대해 쓸 수 있는 다른 표현들로는 take a walk/go for a walk '산책하다', ride one's bike/go for a bike ride '자전거를 타다' 등이 있습니다.

Unit 10. Free time   69

3. 공연에 대해 말할 때

MP3 01-10-04

A **Maroon 5 is coming to Korea!**
마룬 파이브가 한국에 온대!

B **Really? I want to go to that concert.**
그래? 그 콘서트 가고 싶은데.

· **The stage effect was fantastic.**
무대 효과가 환상적이었어.

· **Their performance was ruined because of a poor sound system.**
그들은 안 좋은 음향효과 때문에 공연을 망쳤어.

 Tips 참고로 콘서트나 연극을 보면서 박수를 칠 때는 clap one's hands, give someone a big hand 라고 합니다.

4. 인터넷에 대해 말할 때

MP3 01-10-05

A **Hey, what are you doing?**
야, 뭐 하고 있는 거야?

B **I'm searching for some restaurant reviews.**
맛집 정보를 좀 찾고 있어.

· **I get my news from the Internet.**
나는 인터넷을 통해서 뉴스를 봐요.

· **Do you have a blog?**
너 블로그 있니?

 Tips 인터넷에 올리는 '댓글'은 영어로 reply라고 하지 않고 간단히 comment라고 합니다. reply는 이 메일에 대한 답장을 가리키는 말이죠.

Vocab

poor 질이 낮은   review 평, 리뷰

Speaking Practice

문장을 여러 번 반복해 읽으면서 따라 하면 더 오랫동안 머릿속에 남고 자신도 모르게 말문이 터집니다.

1. 다음 문장을 듣고 □에 횟수를 체크해가며 큰 소리로 따라 해보세요. MP3 01-10-06

① How about going to a department store? □□□□□
② I'm a big fan of board games. □□□□□
③ I go to a local park when I have free time. □□□□□
④ The stage effect was fantastic. □□□□□
⑤ Do you have a blog? □□□□□

2. 다음 문장을 듣고 빈칸을 채우며 말해보세요. MP3 01-10-07

① 나 이것 벼룩시장에서 발견했어. → I found it at a _____ market.
② 포켓볼 치러 갈래요? → Do you want to play some _____?
③ 그는 점심시간에 직장 동료와 배드민턴을 쳐요.
   → He plays badminton with a _____ during lunchtime.
④ 그 공연은 안 좋은 음향시설 때문에 망쳤어요.
   → The performance was _____ because of a poor sound system.
⑤ 나는 뉴스를 인터넷으로 봐요.
   → I get my news _____ the Internet.

3. 다음 대화문 중 A의 말을 듣고 적절히 답해보세요. MP3 01-10-08

① A: What kind of game are you playing? 무슨 게임을 하고 있는 거야?
   B: _____.

② A: I'm going for a short run. Do you want to come with?
   난 잠깐 뛰러 가려고. 같이 갈래?
   B: _____.

③ A: Hey, what are you doing? 야, 뭐하고 있는 거야?
   B: _____.

Unit 10. Free time 71

Answers

① 백화점에 가는 게 어떨까?

② 나는 보드게임을 아주 좋아해요.

③ 나는 시간이 나면 동네 공원에 갑니다.

④ 무대효과가 환상적이었어요.

⑤ 너 블로그 있니?

---

① **flea**   '벼룩시장'은 flea market으로 나타냅니다.

② **pool**   '포켓볼'이라고 할 때는 pool로 표현하죠. shoot some pool이라고도 합니다.

③ **co-worker**   '직장 동료'는 a co-worker로 나타냅니다.

④ **ruined**   '망쳐진'이라는 어감의 단어입니다.

⑤ **from**   '인터넷으로부터'라는 말을 from the Internet으로 나타내죠.

---

① **I'm playing a strategy game. / We're playing a card game.**

나는 전략 게임을 하고 있어. / 우리는 카드 게임을 하고 있어.

상대방이 어떤 게임을 하고 있는지 묻는 말이죠. 컴퓨터, 보드, 카드 게임 모두 동사는 play를 씁니다.

② **Sure, where are you going? / No, thank you.**

좋아. 어디로 가는데? / 아니, 난 괜찮아.

No, thank you.는 '고맙지만 사양하겠어.'라는 뜻입니다.

③ **I'm just surfing the Net. / I'm posting a picture on my website.**

그냥 인터넷 서핑 중이야. / 내 홈페이지에 사진을 올리고 있어.

post a picture on은 '~에 사진을 올리다'라는 의미입니다.

Chapter 02 사 회 생 활

- **Unit 01** Commuting 출퇴근
- **Unit 02** Traffic 교통
- **Unit 03** Taking a taxi 택시 타기
- **Unit 04** Meetings 회의
- **Unit 05** Office supplies 사무용품
- **Unit 06** Appointments 약속
- **Unit 07** Business trips 출장
- **Unit 08** Vacation 휴가
- **Unit 09** Parties 파티
- **Unit 10** Dating 데이트

Unit 01 Commuting
출퇴근

Unit 01 **Commuting**

출퇴근

🎲 Dialogue 🎧 MP3 02-01-01

Rachel is having lunch with David. They start talking about their work. Rachel asks David how long it takes to get to work. 레이첼은 데이빗과 점심식사를 하고 있습니다. 직장에 대한 이야기가 시작되네요. 레이첼은 데이빗에게 출근 시간이 얼마나 걸리는지 묻습니다.

David Oh, it only takes 10 minutes, as I live in the instructors' dorm on campus. 아, 10분밖에 안 걸려요. 캠퍼스 안에 강사 기숙사에 살거든요.

Rachel Wow, you're lucky. It takes me an hour to go to work.
와, 운이 좋으시네요. 저는 매일 아침 출근하는 데 한 시간 걸리는데.

David Geez, that's a long commute. What do you usually do during that time?
이런, 통근 시간이 오래 걸리네요. 그 시간에 보통 뭘 하세요?

> **Tips** 영어에는 '출근'과 '퇴근'에 해당하는 단어가 따로 없습니다. 둘을 합쳐 commute라고 하지만, 출퇴근은 각각 풀어서 go to work/get to work와 leave work/leave for home과 같이 표현합니다.
> A : **I'm going to work now!** 저 지금 출근해요!
> B : **OK, drive carefully and have a good day.** 그래, 운전 조심하고 좋은 하루 보내.

Vocab

take 시간이 걸리다   dorm=dormitory 기숙사   go to work 출근하다
commute 통근   get off work 퇴근하다   drive to work 차를 운전해서 출근하다

Useful Expressions

1. 출퇴근 시간에 대해 말할 때
MP3 02-01-02

A Why are you still here? It's time to go home!
왜 아직도 여기 있는 거야? 퇴근 시간이라고!

B There must be a lot of people on the subway now. I'm going to leave a little later.
지금 시간에는 지하철에 사람이 많을 거야. 조금 있다 가려고.

· It takes longer to get to work on Monday mornings.
월요일 아침은 출근이 오래 걸려요.

· I never get off work on time.
나는 정시 퇴근하는 경우가 한 번도 없어요.

 Tips '시간이 걸리다'라고 말할 때는 [It takes+시간]의 문장을 사용합니다. '내가 ~하는 데 시간이 걸리다'라는 문장은 [It takes me+시간+to부정사]의 형태로 씁니다.

2. 출퇴근 방법에 대해 말할 때
MP3 02-01-03

A I came to work by bus this morning.
오늘 아침 버스로 출근했어요.

B I hate taking a bus during rush hour.
나는 출퇴근 시간에 버스 타는 것 정말 싫어요.

· I use public transportation to go to work.
나는 대중교통을 이용해서 출근합니다.

· He drives to work every morning.
그는 매일 아침 운전을 해서 출근합니다.

 Tips 교통수단에 대해 쓸 수 있는 전치사는 by입니다. 그런데 by 뒤에 a/an 이나 the와 같은 관사를 쓰지 않고 by bus/by subway 등과 같이 표현하니 주의하세요.

3. 출퇴근 시 하는 일에 대해 말할 때   🎵 MP3 02-01-04

A I spend two hours on the subway every day.
나는 매일 두 시간을 지하철에서 보내.

B Really? Then you should do something for yourself during that time.
그래? 그럼 그 시간에 너를 위한 뭔가를 해.

- I generally take a nap on the bus to work.
  저는 보통 출근할 때 버스에서 잠을 자요.

- While I drive to work, I listen to Music.
  저는 출근하는 차 안에서 음악을 들어요.

 Tips 참고로 우리말로 '두 시간을 길에 버린다'라는 표현이 있는데, 이를 throw away two hours on the road라고 하지는 않습니다.

4. 출퇴근 시간이 자유로울 때   🎵 MP3 02-01-05

A Hey, what are you doing? Aren't you going to work?
뭐 하고 있는 거야? 출근 안 해?

B I can come in whenever I want to. It's OK as long as I work 8 hours a day.
나는 내가 원할 때 출근할 수 있어. 하루 여덟 시간 근무만 채우면 괜찮거든.

- I go to work at 7 A.M. and get off at 4 P.M.
  저는 오전 7시에 출근해서 오후 4시에 퇴근해요.

- My husband drops our kids off at daycare before work.
  우리 남편은 아이들을 어린이 집에 맡기고 나서 출근해요.

 Tips 자율근무제에 해당하는 영어 표현으로는 flextime이라는 것이 있습니다. 예를 들어 She works flextime.이라는 문장을 생각해볼 수 있겠네요.

Vocab
as long as ~하는 한   drop off ~를 내려주다

78 Chapter 02. 사회생활

Speaking Practice

문장을 여러 번 반복해 읽으면서 따라 하면 더 오랫동안 머릿속에 남고 자신도 모르게 말문이 터집니다.

1. 다음 문장을 듣고 □에 횟수를 체크해가며 큰 소리로 따라 해보세요. 🎧 MP3 02-01-06

① It takes me an hour to go to work. □ □ □ □ □
② I never get off work on time. □ □ □ □ □
③ He drives to work every morning. □ □ □ □ □
④ I listen to Music in the car. □ □ □ □ □
⑤ I go to work at 7 A.M. and get off at 4 P.M. □ □ □ □ □

2. 다음 문장을 듣고 빈칸을 채우며 말해보세요. 🎧 MP3 02-01-07

① 나는 캠퍼스 안 강사 기숙사에 살아요.
  → I live in the instructors' _____ on campus.
② 월요일 아침은 출근 시간이 더 걸려요.
  → It _____ longer to get to work on Monday mornings.
③ 나는 대중교통으로 출근해요. → I use _____ _____ to go to work.
④ 나는 출근 버스 안에서 보통 잠을 자요.
  → I generally _____ ____ _____ on the bus to work.
⑤ 우리 남편은 어린이 집에 아이들을 맡긴 후 출근해요.
  → My husband _____ _____ _____ _____
    at daycare before work.

3. 다음 대화문 중 A의 말을 듣고 적절히 답해보세요. 🎧 MP3 02-01-08

① A: What do you usually do during your commute?
   보통 출퇴근 하면서 무엇을 하세요?

   B: _____.

② A: Why are you still here? 왜 아직까지 여기 있는 거야?

   B: _____.

③ A: Aren't you going to work? 너 출근 안 하니?

   B: _____.

Answers

① 저는 출근하는 데 한 시간 걸려요.
② 저는 정시 퇴근하는 적이 한 번도 없어요.
③ 그는 매일 아침 운전해서 출근을 해요.
④ 저는 차 안에서 음악을 들어요.
⑤ 저는 아침 7시에 출근해서 오후 4시에 퇴근해요.

---

① **dorm**   '기숙사'는 dormitory를 줄여 dorm이라고 합니다.

② **takes**   시간이 '걸리다'라고 할 때는 take로 표현하죠. s를 붙인 것은 주어가 3인칭단수이기 때문입니다.

③ **public transportation**   '대중교통'은 public transportation이라고 합니다.

④ **take a nap**   '낮잠 자다'라는 표현입니다. 하지만 하루 중 어느 때라도 쓸 수 있어요.

⑤ **drops our kids off**   '아이들을 내려주다', 즉 '맡기다'라는 말을 drop off로 나타내죠.

---

① **I listen to the radio. / I catch up on reading.**
저는 라디오를 들어요. / 저는 (평소 못 읽던) 책을 읽어요.
상대방이 출퇴근 하면서 무엇을 하는지 묻는 질문이죠? catch up on reading은 평소에 못 읽는 책들을 출퇴근 시간을 이용해 읽는다는 어감입니다.

② **I still have work to do. / Oh, I'm leaving now, too.**
아직 할 일이 남아있어. / 오, 나도 이제 퇴근해.
still have work to do는 '아직 할 일이 있다'라는 뜻입니다.

③ **I'm running late. / No, I'm taking a day off today.**
나 늦었어. / 응, 오늘 하루 휴가야.
running late은 '~에 늦은'이라는 의미죠. take a day off는 '하루 휴가를 내다'라는 뜻입니다.

Unit 02 Traffic
교통

Unit 02 Traffic

교통

🎁 Dialogue 🔊 MP3 02-02-01

Ava's car broke down yesterday. Rachel is taking Ava to work. Rachel complains about the traffic. 에이바의 차가 어제 고장 났습니다. 레이첼이 에이바를 직장에 데려다 주네요. 그녀는 교통체증 때문에 불평을 하네요.

Rachel Gosh, it took us 90 minutes to get here!
세상에, 여기 오는데 90분 걸렸어!

Ava Right. It's because one lane was closed.
그러게. 차선이 하나 폐쇄되어서 그래.

Rachel We would have arrived earlier if we had walked!
걸어왔으면 더 빨리 도착했을 거야!

> **Tips** 영어에서 traffic이라는 단어는 '교통'이라는 의미로도 사용되고 '교통체증'이라는 뜻으로 쓰이기도 합니다. 교통체증은 또 traffic congestion으로 표현하기도 하죠.
> A : I can't believe this traffic! 이렇게 차가 막히는 건 믿을 수 없어!
> B : I know. Maybe we should park somewhere and walk.
> 그러게. 어딘가에 주차하고 걷는 게 나을지도 모르겠다.

Vocab
break down 고장 나다   **complain** 불평하다   **traffic** 교통체증
lane 차선   **What's with** ~는 왜 그런 거야?

Useful Expressions

1. 교통체증에 대해 말할 때　　　🔊 MP3 02-02-02

A **What's with this traffic jam?**
왜 이렇게 차가 막히는 거야?

B **It's the first day of the three-day weekend. Everybody's going somewhere!**
3일 연휴의 첫날이잖아. 다들 어딘가 가고 있는 거지!

· **I'm sorry I'm late. I was stuck in traffic.**
늦어서 죄송합니다. 차가 막혀서요.

· **The traffic is bumper to bumper during rush hour.**
출퇴근 시간에는 차가 너무 많이 밀려요.

 Tips '차가 막혀서 꼼짝 못하다'라고 할 때는 be stuck in traffic이라고 합니다. stuck이 어딘가에 딱 붙거나 걸려서 움직일 수 없는 상태를 묘사하거든요.

2. 차량의 종류에 대해 말할 때　　　🔊 MP3 02-02-03

A **Look at that convertible! It is so cool.**
저 컨버터블 좀 봐! 정말 멋지다.

B **It may look cool, but it will mess up your hair.**
보기엔 멋질지 모르지만, 머리는 망가져.

· **I need to get a minivan for my family.**
저는 가족을 위해 미니밴을 사야 해요.

· **He goes on a motorcycle ride every weekend.**
그는 주말마다 오토바이를 타러 가요.

 Tips 컨버터블은 open top '무개차'라고도 합니다. 우리말의 '오픈카'를 생각해서 open car라고 하면 어색한 표현이 되니 주의하세요.

3. 교통법규에 대해 말할 때

A **I got a speeding ticket yesterday.**
나 어제 과속 딱지를 떼었어.

B **You did? How fast were you going?**
그래? 얼마나 빠르게 가고 있었는데?

· **You shouldn't change lanes in an intersection.**
교차로에서는 차선을 바꾸지 말아야 해요.

· **Do not run a red light.**
빨간불일 때는 가지 마세요.

> **Tips** 과속 딱지를 떼었을 때는 I got a ticket for speeding.이라고도 합니다. 주차 위반 딱지인 경우에는 I got a parking ticket.이라고 하면 되죠.

4. 교통사고에 대해 말할 때

A **There was a three-car pileup on the highway.**
고속도로에서 3중 추돌 사고가 났어.

B **I heard it was a four-car collision.**
나는 4중 추돌이라고 들었는데.

· **I got rear-ended this morning.**
오늘 아침에 뒤차가 내 차를 받았어.

· **My boyfriend had a head-on collision with a truck.**
내 남자친구는 트럭과 정면 충돌했어.

> **Tips** 3중 이상의 추돌사고는 pileup '쌓인 더미'라는 단어로 묘사합니다. collision '추돌사고'를 쓰기도 하고요.

Vocab

red light 빨간불   get rear-ended 뒤에서 받히다   head-on collision 정면 충돌

Speaking Practice

문장을 여러 번 반복해 읽으면서 따라 하면 더 오랫동안 머릿속에 남고 자신도 모르게 말문이 터집니다.

1. 다음 문장을 듣고 □에 횟수를 체크해가며 큰 소리로 따라 해보세요. 🎧 MP3 02-02-06

① We would have arrived earlier if we had walked! □ □ □ □ □
② I was stuck in traffic. □ □ □ □ □
③ I need to get a minivan for my family. □ □ □ □ □
④ You shouldn't change lanes in an intersection. □ □ □ □ □
⑤ I got rear-ended this morning. □ □ □ □ □

2. 다음 문장을 듣고 빈칸을 채우며 말해보세요. 🎧 MP3 02-02-07

① 차선 하나가 폐쇄되었어요. → One _____ was closed.
② 출퇴근 시간에는 차가 꽉 막혀요.
　→ The traffic is bumper to _____ during rush hour.
③ 그는 주말마다 오토바이를 타러 가요.
　→ He goes on a _____ ride every weekend.
④ 빨간불일 때는 가지 마세요. → Do not _____ a red light.
⑤ 내 남자친구는 트럭과 정면 충돌했어요.
　→ My boyfriend had a _____ collision with a truck.

3. 다음 대화문 중 A의 말을 듣고 적절히 답해보세요. 🎧 MP3 02-02-08

① A: Can you take me to work tomorrow morning?
　　내일 아침 나 좀 회사에 데려다 줄 수 있니?

　B: _____.

② A: What's with this traffic jam? 왜 이렇게 차가 막히는 거야?

　B: _____.

③ A: How fast were you going? 얼마나 빨리 달리고 있었는데?

　B: _____.

① 걸어왔으면 더 빨리 도착했을 거야!
② 나는 차가 막혀 꼼짝 못 했어.
③ 저는 가족을 위해 미니밴을 사야 해요.
④ 교차로에서는 차선을 바꾸지 말아야 해요.
⑤ 오늘 아침 뒤차가 내차를 받았어요.

---

① **lane**   '차선'은 lane이라는 단어로 표현합니다.
② **bumper**   차가 막혀서 범퍼끼리 맞닿아 있다는 표현이죠.
③ **motorcycle**   '오토바이'는 motorcycle 혹은 motorbike로 표현합니다.
④ **run**   run a red light는 신호등이 빨간색임에도 불구하고 운전하여 지나갈 때 쓸 수 있는 표현입니다.
⑤ **head-on**   '정면 충돌'을 head-on collision으로 표현합니다.

---

① **Sure, I'll give you a ride. /
I can't, because my wife is taking the car.**
그래, 데려다 줄게. / 안 되겠네. 왜냐하면 아내가 차를 가져가거든.
상대방이 출근하면서 데려다 줄 수 있는지 묻는 질문이죠? give someone ride가 '~를 차로 데려다 주다'라는 뜻입니다.

② **It's rush hour. / People are going home for the holidays.**
혼잡 시간대잖아. / 명절이라 사람들이 고향에 가거든.
go home for the holidays는 '명절을 맞아 고향에 가다'라는 뜻입니다.

③ **I was going 100km per hour. /
I was going 20km over the speed limit.**
100킬로로 달리고 있었어. / 제한속도를 20킬로 초과해서 달리고 있었어.
per hour는 '시간당'이라는 의미죠. speed limit은 '제한속도'라는 뜻입니다.

Unit 03 Taking a taxi
택시 타기

Unit 03 **Taking a taxi**
택시 타기

🎲 Dialogue MP3 02-03-01

Ava's car has not been fixed yet. She has decided to take a taxi to work. Ava hails a taxi and gets into the back seat. 에이바의 차는 아직도 덜 고쳐졌습니다. 택시를 타고 출근하기로 하네요. 에이바는 택시를 불러 세우고 뒷좌석에 탑니다.

Driver Good morning, miss. Where to?
안녕하세요. 어디로 모실까요?

Ava Ian Building near the City Hall, please.
시청 근처 이안 빌딩으로 가주세요.

Driver OK. There'll be some traffic at this time of the day.
네. 이 시간엔 좀 막힐 거예요.

> Tips 영어에서 take라는 단어는 '시간이 걸리다'라는 뜻으로 쓰이기도 하지만 교통수단을 '타다', '이용하다'와 같은 의미를 표현하기도 합니다.
> A : How are you going to get to the City Hall? 시청까지 어떻게 가실 건가요?
> B : I am going to take the subway. 지하철을 탈 거예요.

Vocab
fix 고치다　　　　　　　　　　　hail 불러 세우다　　Where to? 어디로 모실까요?
at this time of the day 하루 중 이 시간에　　route 길, 노선

Useful Expressions

1. 택시를 부를 때   🎵 MP3 02-03-02

A **I need a taxi, please. I'm at the Hill Hotel.**
택시 한 대 불러주세요. 저는 힐 호텔에 있습니다.

B **Right away, sir. Can I have your name and a phone number?**
금방 도착합니다. 성함과 전화번호를 알려주시겠어요?

· **Taxis didn't stop for me. Maybe it was because I had huge luggage.**
택시가 서질 않았어요. 아마도 큰 여행가방 때문이었을 거예요.

· **The elderly woman was waving for a taxi.**
그 할머니는 택시를 잡고 있었어요.

 Tips: '택시를 잡다'라고 할 때는 wave for a taxi라고 하거나 wave down a taxi라는 표현을 사용합니다. 단순히 wave to a taxi라고 할 수도 있습니다.

2. 목적지를 말할 때   🎵 MP3 02-03-03

A **Take me to the Virtual Concert Hall, please.**
버추얼 콘서트홀로 가주세요.

B **OK. My GPS says we'll get there in 20 minutes.**
네. 내비게이션에 20분 후 도착이라고 나오네요.

· **I need to get to the bus terminal as fast as possible.**
저는 버스터미널에 최대한 빨리 가야 합니다.

· **Please take the most direct route to my destination.**
돌아가지 말고 목적지까지 곧바로 가주세요.

 Tips: 목적지를 말할 때는 Drive me to~ '저를 ~에 데려다 주세요'라는 표현을 사용하기도 합니다. 미국에서는 목적지의 주소를 이야기해도 되고요.

3. 길을 안내할 때

A **Turn right at the next intersection, please.**
다음 교차로에서 우회전해주세요.

B **You got it. Where should I pull over?**
알겠습니다. 어디에 세워 드릴까요?

· **Turn left at the second light.**
두 번째 신호등에서 좌회전하세요.

· **Stop behind that motorcycle, please.**
저기 오토바이 뒤에 세워주세요.

> **Tips** 좌회전, 우회전을 할 때는 make a left (turn)/make a right (turn)이라고 합니다. 직진할 때는 go straight라고 하면 되죠.

4. 요금에 대해 말할 때

A **Here we are. Three-fifty, please.**
다 왔습니다. 3달러 50센트입니다.

B **Here's five dollars. Keep the change.**
여기 5달러 드릴게요. 잔돈은 가지세요.

· **How much do I owe you?**
얼마 드리면 되나요?

· **Here's three dollars, plus a dollar for you.**
여기 3달러요. 그리고 1달러는 팁이에요.

> **Tips** 미국에서는 보통 택시기사에게 팁을 줍니다. 특히 공항에서 택시를 탈 때 짐을 옮겨 실어준 경우에는 반드시 팁을 주어야 하죠.

Vocab

intersection 교차로   pull over 차를 세우다   owe 빚지다

Speaking Practice

문장을 여러 번 반복해 읽으면서 따라 하면 더 오랫동안 머릿속에 남고 자신도 모르게 말문이 터집니다.

1. 다음 문장을 듣고 □에 횟수를 체크해가며 큰 소리로 따라 해보세요. MP3 02-03-06

① She has decided to take a taxi to work. □ □ □ □ □
② Taxis didn't stop for me. □ □ □ □ □
③ I need to get to the bus terminal as fast as possible. □ □ □ □ □
④ Turn left at the second light. □ □ □ □ □
⑤ Keep the change. □ □ □ □ □

2. 다음 문장을 듣고 빈칸을 채우며 말해보세요. MP3 02-03-07

① 그녀의 자동차는 아직 고쳐지지 않았어요.
   → Her car has not been _____ yet.
② 그녀는 뒷좌석에 올라탔어요. → She got into the _____ seat.
③ 그 할머니는 택시를 잡고 있었어요.
   → The elderly woman was _____ for a taxi.
④ 돌아가지 말고 목적지까지 곧바로 가세요.
   → Please take the most _____ route to my destination.
⑤ 저 오토바이 뒤에 세워주세요. → Stop _____ that motorcycle, please.

3. 다음 대화문 중 A의 말을 듣고 적절히 답해보세요. MP3 02-03-08

① A: Where to? 어디로 모실까요?
   B: _____.

② A: Where should I pull over? 어디에 세워드릴까요?
   B: _____.

③ A: How much do I owe you? 얼마예요?
   B: _____.

Answers

1
① 그녀는 택시를 타고 출근하기로 했어요.
② 택시들이 내 앞에 서지 않았어요.
③ 저는 버스터미널에 최대한 빨리 가야 해요.
④ 두 번째 신호등에서 좌회전해주세요.
⑤ 잔돈은 가지세요.

2
① **fixed** '고쳐진'은 fixed라는 단어로 표현합니다.
② **back** '앞좌석'은 front seat이라고 표현합니다.
③ **waving** '택시를 잡다'는 wave for a taxi로 표현합니다.
④ **direct** '직접적인', '곧바로'라는 의미의 단어입니다. 돌아가지 않는다는 것을 의미해요.
⑤ **behind** '~의 뒤에'를 behind로 나타내죠.

3
① **The City Hall, please. / I need to go to the nearest subway station.**
시청이요. / 가까운 지하철역으로 가야 해요.
손님에게 목적지를 묻는 질문입니다. 목적지를 그냥 이야기해도 되고 완전한 문장으로 만들어 말해도 됩니다.

② **Right here is fine. / Drop me off in front of the building, please.**
여기서 세워주시면 됩니다. / 건물 앞에 내려주세요.
drop someone off는 '~를 ~에 내려주다'라는 뜻입니다.

③ **It's 10 dollars even. / Twenty-fifty, please.**
정확히 10달러네요. / 20달러 50센트입니다.
Ten dollars even은 '잔돈 없이 딱 10달러'가 나왔다는 뜻입니다.

Unit 04 Meetings
회의

Unit 04 Meetings

회의

🎲 Dialogue 🔊 MP3 02-04-01

Ava is late for the morning meeting. The meeting started without her. Ava knows that her boss is not going to be happy. 에이바는 아침 회의에 늦었습니다. 에이바 없이 회의가 시작되었네요. 에이바는 상사가 못마땅해 하리라는 것을 알고 있습니다.

Boss So, why are you late, Ava?
그래, 왜 늦었나, 에이바?

Ava I was stuck in traffic. I'm sorry but it won't happen again.
차가 막혀서 꼼짝 못 했어요. 죄송합니다. 다시는 늦지 않을게요.

Boss You said the same last time you were late.
지난번 지각했을 때도 같은 말을 했지 않나.

> **Tips** 영어에서 late라는 단어는 be late for의 형태로 '~에 늦다'라는 표현으로 쓰이기도 하고, 명사 앞에서는 '고인이 된'의 의미를 표현하기도 합니다.
> A : **My late father always told me.** 돌아가신 아버지께서는 항상 말씀하셨지.
> B : **Never to be late for school!** 학교에 절대 늦지 말아라!

Vocab

be late for ~에 늦다   be expected to ~할 것으로 예상되다   agenda 의제
move on to ~로 넘어가다   annual 매년 진행하는

Useful Expressions

1. 회의를 안내할 때   🔊 MP3 02-04-02

A **The meeting will be held at the Conference Room.**
회의는 컨퍼런스 룸에서 열릴 예정입니다.

B **Right. What time does it start and how many people will be there?**
네, 몇 시에 시작하고 몇 명이나 참석하나요?

· **The meeting starts at 14:00 on Tuesday, November 23rd.**
회의는 11월 23일 화요일 오후 두 시에 시작합니다.

· **Everyone in the Marketing Department is expected to attend.**
마케팅 부서는 직원 모두 참석하기 바랍니다.

 '회의를 하다'라고 할 때는 hold a meeting이라고 하거나 have a meeting이라는 표현을 쓰기도 합니다. '주최하다'라는 어감은 host a meeting을 써서 나타내죠.

2. 회의의 안건을 말할 때   🔊 MP3 02-04-03

A **Are we going to talk about the new brochure?**
새로운 브로슈어에 대해 이야기할 건가요?

B **Yes, it is one of the items on the agenda.**
네, 안건 중 하나입니다.

· **Let's move on to the next item.**
다음 안건으로 넘어갑시다.

· **Why don't we skip this item? Instead, let's talk about the annual picnic.**
이 안건은 건너뛰는 게 어떨까요? 대신 매년 가는 야유회에 대해 이야기합시다.

 안건을 말할 때 item(s) on the agenda라는 표현을 사용합니다. agenda는 '의제'라는 뜻으로 단수로 표기합니다.

3. 발표를 할 때

A **My presentation is about our customer satisfaction.**
고객만족도에 대해 발표하겠습니다.

B **Could you speak up, please? I can't hear you.**
더 크게 말씀해주시겠어요? 안 들리네요.

· **I'd like to touch on this issue.**
이 쟁점에 대해 간단히 이야기하고 싶습니다.

· **Allow me to briefly talk about it.**
이에 관해 간단히 말씀 드리겠습니다.

> **Tips** 발표를 PT라고도 하는데 영어에서는 이렇게 줄이지 않고 그냥 presentation이라고 풀어서 말합니다. 발표 슬라이드는 presentation slide(s)라고 하죠.

4. 질문을 하거나 받을 때

A **That concludes my presentation. Any questions?**
이것으로 발표를 마치겠습니다. 질문 있으신가요?

B **Yes, what's our budget for the event?**
네, 행사 예산은 얼마가 책정되었습니까?

· **Feel free to ask me any questions.**
질문 있으시면 주저 말고 해주세요.

· **If you have questions, please raise your hand.**
질문이 있으시면 손을 들어주십시오.

> **Tips** conclude는 '결론을 맺다'라는 뜻으로 회의를 마치거나 발표를 끝내는 경우에도 쓸 수 있습니다.

Vocab
speak up 큰 소리로 말하다   touch on ~에 대해 간단히 이야기하다   briefly 간단하게
conclude ~을 끝내다   raise 들다

Speaking Practice

문장을 여러 번 반복해 읽으면서 따라 하면 더 오랫동안 머릿속에 남고 자신도 모르게 말문이 터집니다.

1. 다음 문장을 듣고 □에 횟수를 체크해가며 큰 소리로 따라 해보세요. **MP3 02-04-06**

① The meeting started without her. □□□□□
② The meeting starts at 14:00. □□□□□
③ Let's move on to the next item. □□□□□
④ I'd like to touch on this issue. □□□□□
⑤ Feel free to ask me any questions. □□□□□

2. 다음 문장을 듣고 빈칸을 채우며 말해보세요. **MP3 02-04-07**

① 다시 이런 일이 발생하지 않을 거라고 했잖아요.
　→ You said it wouldn't _____ again.
② 마케팅 부서는 모두 참석해주세요.
　→ Everyone in the Marketing Department is expected to _____.
③ 이 안건은 건너뛰는 게 어떨까요? → Why don't we _____ this item?
④ 이에 대해 간단히 말씀 드리겠습니다. → Allow me to _____ talk about it.
⑤ 질문이 있으시면 손을 들어주세요.
　→ If you have questions, please _____ your hand.

3. 다음 대화문 중 A의 말을 듣고 적절히 답해보세요. **MP3 02-04-08**

① A: Are we going to talk about the new brochure?
　　새로운 브로셔에 대해서 이야기할 건가요?
　B: _____.

② A: Could you speak up, please? 더 크게 말씀해주시겠어요?
　B: _____.

③ A: What's our budget for the event? 행사의 예산이 얼마나 되죠?
　B: _____.

① 그녀 없이 회의가 시작되었어요.
② 회의는 오후 두 시에 시작합니다.
③ 다음 안건으로 넘어갑시다.
④ 이 안건에 대해 간단히 말하겠습니다.
⑤ 질문은 주저 말고 제게 해주세요.

① **happen** '발생하다'라는 표현은 happen으로 나타냅니다.
② **attend** 참석할 때는 attend 다음 회의나 행사를 써서 표현합니다.
③ **skip** '건너뛰다'는 skip something 표현으로 나타냅니다.
④ **briefly** '간단하게'라는 의미의 단어입니다. 짧게 이야기하겠다는 것을 의미합니다.
⑤ **raise** '~을 들다'를 raise로 나타내죠.

① Yes, we are. / No, it's not on the agenda.
네, 할 겁니다. / 아니요, 안건이 아닙니다.
회의의 안건을 묻는 질문이죠. be on the agenda라고 하면 '의제에 올라 있는'이라는 뜻입니다.

② Sorry. Can you hear me now? / Let me use a microphone.
죄송합니다. 이제 들리세요? / 마이크를 사용하겠습니다.
Let me use a microphone.은 '마이크를 사용하겠습니다.'라는 뜻이죠.

③ One million won. / We don't have a set amount yet.
100만 원입니다. / 아직 정해진 금액은 없습니다.
a set amount는 '정해진 금액'이라는 뜻입니다.

Unit 05 Office supplies
사무용품

Unit 05
Office supplies
사무용품

🎲 Dialogue MP3 02-05-01

Ava is looking for ink for the printer. The printer's ink is running low. Ava can't find any ink in the supplies room. 에이바는 프린터 잉크를 찾고 있습니다. 프린터 잉크가 모자라네요. 에이바는 사무용품실에서 잉크를 찾지 못합니다.

Brian What are you looking for, Ava? 뭘 찾고 있나요, 에이바?

Ava I am looking for some black ink for my printer but can't find any.
프린터 검정색 잉크를 찾고 있는데 하나도 안 보여요.

Brian I guess we're out of it. I'll talk to the supplies guy.
다 떨어졌나 보네요. 사무용품 담당자에게 말할게요.

> **Tips** look for something의 형태를 쓰면 '~를 찾아보다'라는 뜻입니다. 그런데 찾던 물건을 발견한 경우에는 find로 표현하죠.
> A : Hey, you've found your glasses! 야, 너 안경 찾았구나!
> B : Yeah, I was looking for them. 응, 나 찾고 있었거든.

Vocab
run low 모자라게 되다 supplies 용품
be out of something ~이 떨어졌다 double-sided 양면의

Useful Expressions

1. 컴퓨터 용품

A I need a longer USB cable. Do we have any?
더 긴 USB 케이블이 필요한데, 있나요?

B I guess you can use mine. This is only for the presentation, right?
제 것을 사용하시죠. 발표 때만 쓰실 것 맞죠?

· Can I take an extra laptop to the meeting?
미팅에 노트북 한 대 더 가져가도 되나요?

· Save the files to your USB flash drive.
파일들을 USB에 저장하세요.

 Tips 프린터가 말을 할 수는 없지만, 영어로는 The printer is telling me that~이라는 표현을 쓸 수 있습니다. 혹은 The printer says~를 써도 되고요.

2. 문구용품

A I'm going to place an order with the office supplies store. Do you need anything?
사무용품점에 주문을 할 건데요. 필요한 것 있나요?

B Yes, we need more highlighters.
네. 형광펜이 더 필요해요.

· We're running low on the envelopes.
편지봉투가 별로 안 남았어요.

· Do we have any double-sided tape?
혹시 양면테이프 있나요?

 Tips 주문할 때는 place an order with라는 표현을 사용합니다. 그냥 order something으로 표현하기도 합니다.

3. 정리용품

A **The filing cabinet is full.**
파일 정리함이 꽉 찼어요.

B **You can use the one in that corner.**
저 코너에 있는 걸 사용하셔도 돼요.

· **We need to organize all these contracts.**
이 계약서들을 모두 정리해야 합니다.

· **How come everything is misplaced?**
어쩌면 모든 게 다 제자리에 없나요?

 Tips 서류정리를 할 수 있는 '파일'은 영어로는 folder라고 부릅니다. file은 '정리하다'라는 의미의 동사라는 것을 알아두세요.

4. 탕비실

A **That coffee smells good. Are we getting a different brand?**
그 커피 향이 좋네요. 우리 주문하는 브랜드가 바뀌었나요?

B **Oh, I just brought it from home. Here, you can try some.**
아, 제가 그냥 집에서 가져온 거예요. 여기, 한 번 마셔보세요.

· **We need to replace the water dispenser.**
정수기를 교체해야 해요.

· **I wish we had a bigger selection of tea.**
차 종류가 더 많았으면 좋겠어요.

 Tips water dispenser는 사무실에서 흔히 볼 수 있는 정수기를 뜻합니다. water cooler라고도 하죠. water purifier라고 부르지는 않습니다.

Vocab

misplace 제자리에 두지 않다   replace 대체하다   selection 선택의 폭

Speaking Practice

문장을 여러 번 반복해 읽으면서 따라 하면 더 오랫동안 머릿속에 남고 자신도 모르게 말문이 터집니다.

1. 다음 문장을 듣고 □에 횟수를 체크해가며 큰 소리로 따라 해보세요. MP3 02-05-06

① The printer's ink is running low. □□□□□
② Can I take an extra laptop? □□□□□
③ We need more highlighters. □□□□□
④ The filing cabinet is full. □□□□□
⑤ We need to replace the water dispenser. □□□□□

2. 다음 문장을 듣고 빈칸을 채우며 말해보세요. MP3 02-05-07

① 다 떨어졌나 보네요. → I guess we're _____ _____ it.
② 검정색 잉크를 찾고 있어요. → I'm _____ _____ some black ink.
③ 우리 편지봉투가 부족한데요.
  → We're running _____ on the envelopes.
④ 이 계약서들을 모두 정리해야 합니다.
  → We need to _____ all these contracts.
⑤ 차 종류가 더 많았으면 좋겠어요.
  → I wish we had a bigger _____ of tea.

3. 다음 대화문 중 A의 말을 듣고 적절히 답해보세요. MP3 02-05-08

① A: Do you need anything? 뭐 필요하세요?
   B: _____.

② A: Do we have any double-sided tape? 우리 양면테이프 있나요?
   B: _____.

③ A: How come everything is misplaced? 왜 모든 것이 제자리에 없는 거죠?
   B: _____.

① 프린터에 잉크가 모자랍니다.

② 노트북을 한 대 더 가져가도 돼요?

③ 형광펜이 더 필요합니다.

④ 파일 정리함이 꽉 찼네요.

⑤ 정수기를 교체해야 합니다.

---

① **out of**　'다 없어진'은 out으로 나타냅니다.

② **looking for**　'~를 찾다'는 look for로 표현합니다.

③ **low**　'부족하다'를 be running low로 나타냅니다.

④ **organize**　'정리하다'라는 의미의 단어입니다. 주제나 내용별로 분류한다는 의미도 있어요.

⑤ **selection**　'선택의 폭'을 selection으로 나타내죠.

---

① **Yes, we need more computer speakers. / No, I'm good.**

네, 컴퓨터 스피커가 더 필요합니다. / 아니요, 괜찮습니다.

필요한 게 있는지 질문하고 있습니다. I'm good.이라고 하면 '이대로 좋다.', 즉 필요한 게 없다는 뜻입니다.

② **No, we're out. / Did you look in the supplies room?**

아니요, 다 떨어졌어요. / 비품실을 찾아봤나요?

We're out.은 '있었는데 다 썼다'라는 의미입니다.

③ **Sorry. I'll put things away correctly. / I hear you.**

죄송합니다. 제가 제자리로 치우겠습니다. / 그러게 말이야.

put away는 제자리로 '치우다'라는 뜻이고, I hear you.는 '그러게 말이야.' 정도의 어감입니다.

Unit 06 Appointments
약속

Unit 06 Appointments

약속

🎲 Dialogue 🎧 MP3 02-06-01

Ava has an appointment with a client. She meets him over dinner at a restaurant. Ava usually eats what her client likes. 에이바는 고객과 약속이 있습니다. 식당에서 저녁을 같이 하면서 만나네요. 에이바는 보통 고객이 좋아하는 음식을 먹습니다.

Client Have some more of the meat, Ava. 고기 좀 더 드세요, 에이바.

Ava I will. Thank you. So, do you think your company will need more hardware?
그럴게요. 감사합니다. 그래서, 회사에 하드웨어가 더 필요할 것 같으세요?

Client I think so. What kind of discount can you give us?
그럴 것 같아요. 할인을 어느 정도 해주실 수 있나요?

> **Tips** 영어에서 appointment를 쓰면 '~와 ~시에 만나는 약속'이라는 뜻입니다. 주로 의사, 변호사, 고객들과의 약속이죠.
> A : I forgot about the appointment with my lawyer! 변호사와 약속을 깜빡 했어!
> B : You'd better call him. 그에게 전화하는 게 좋겠다.

Vocab

appointment 약속, 예약　　client 고객　　over dinner 저녁을 먹으면서
give a discount 할인해주다　　be free 한가한

Useful Expressions

1. 진료 약속

A Would you like to have lunch with me?
저랑 점심 같이 하실래요?

B I have a doctor's appointment at 11:30. Sorry!
11시 30분에 병원에 가야 해요. 미안해요!

· Can I make an appointment with Dr. Lee for Wednesday?
수요일에 이 박사님 진료 예약할 수 있나요?

· He's fully booked on that day.
그날은 예약이 꽉 찼습니다.

 Tips a doctor's appointment라고 하면 환자가 의사에게 진료를 받을 약속이 있다는 표현입니다. 의사가 다른 사람과 약속이 있다는 뜻이 아니니까 헷갈리지 마세요.

2. 약속 잡기

A I'd like to set up an appointment with Mr. Shin. What day is good for him?
신 선생님과 약속을 잡고 싶은데요. 어느 날이 좋을까요?

B How about next Tuesday?
다음 주 화요일 어떠세요?

· Do you have an appointment?
약속하고 오신 건가요?

· Are you free on Thursday?
목요일에 시간이 있으세요?

 Tips 약속을 할 때는 set up an appointment라는 표현을 씁니다. 그냥 make an appointment로 하기도 하고요.

3. 약속 취소

 MP3 02-06-04

A **I have to cancel my appointment on Friday.**
금요일 약속을 취소해야 합니다.

B **OK. Would you like to reschedule it?**
알겠습니다. 다른 날로 다시 잡으시겠어요?

· **We need to pick another date for our meeting.**
우리 회의 날짜를 다시 정해야 합니다.

· **How come you always cancel your appointments?**
왜 그렇게 항상 약속을 취소하시나요?

> **Tips** 약속을 취소할 때는 영어로 cancel one's appointment라고 합니다. '다른 날로 약속을 다시 잡다' 라는 표현은 reschedule the appointment라고 합니다.

4. appointment와 promise

 MP3 02-06-05

A **You said you would take me to lunch. This is the second time you're breaking your promise.**
점심 사준다고 했잖아요. 약속 어긴 것 두 번째예요.

B **Oh, I am so sorry. But I have an appointment with a client.**
아, 정말 미안해요. 고객과 약속이 있어서요.

· **Please keep your promise that you'll give me the money back.**
돈을 돌려주겠다는 약속 지키시기 바랍니다.

· **I made a pinky promise to Ashley.**
나는 애슐리에게 새끼손가락을 걸고 약속했어요.

> **Tips** appointment는 '~와 ~시에 만나자는 약속'을 뜻하고, promise는 '~를 하겠다는 약속'입니다.

Vocab

pick 고르다
keep one's promise ~의 약속을 지키다
break one's promise ~의 약속을 어기다
make a promise 약속하다

Speaking Practice

문장을 여러 번 반복해 읽으면서 따라 하면 더 오랫동안 머릿속에 남고 자신도 모르게 말문이 터집니다.

1. 다음 문장을 듣고 □에 횟수를 체크해가며 큰 소리로 따라 해보세요. MP3 02-06-06

① Ava has an appointment with a client. ☐ ☐ ☐ ☐
② Can I make an appointment? ☐ ☐ ☐ ☐
③ What day is good for him? ☐ ☐ ☐ ☐
④ I have to cancel my appointment. ☐ ☐ ☐ ☐
⑤ Please keep your promise. ☐ ☐ ☐ ☐

2. 다음 문장을 듣고 빈칸을 채우며 말해보세요. MP3 02-06-07

① 그녀는 레스토랑에서 저녁을 먹으며 그를 만났어요.
   → She meets him _____ dinner at a restaurant.
② 그 날은 예약이 꽉 찼네요. → He's fully _____ on that day.
③ 약속을 잡고 싶은데요.
   → I'd like to _____ _____ an appointment.
④ 회의 날짜를 다시 잡아야 합니다.
   → We need to _____ another date for our meeting.
⑤ 나는 그녀에게 새끼손가락을 걸고 약속했어요.
   → I made a _____ promise to her.

3. 다음 대화문 중 A의 말을 듣고 적절히 답해보세요. MP3 02-06-08

① A: Do you have an appointment? 약속하고 오신 건가요?
   B: _____.

② A: Are you free on Thursday? 목요일에 시간이 괜찮으신가요?
   B: _____.

③ A: Would you like to reschedule your appointment?
   다른 날로 다시 잡으시겠어요?
   B: _____.

Unit 06. Appointments 109

① 에이바는 고객과 약속이 있습니다.

② 약속을 잡을 수 있나요?

③ 그는 어느 날이 가능하세요?

④ 약속 취소를 해야 합니다.

⑤ 약속을 지키시기 바랍니다.

---

① **over**   '저녁을 먹으면서'는 over dinner로 나타냅니다.

② **booked**   예약이 꽉 찼을 때 fully booked 표현을 쓰죠.

③ **set up**   '약속을 잡다'를 set up an appointment로 나타냅니다. set up 대신 make를 써도 됩니다.

④ **reschedule**   접두사 re-가 붙어서 '일정을 다시 잡다'라는 의미가 됩니다.

⑤ **pinky**   '새끼손가락'을 pinky로 표현합니다.

---

① **Yes, at 5 o'clock. / No, I don't.**

네, 5시입니다. / 아니요, 안 했는데요.

약속을 하고 왔는지 물어보는 문장입니다. 약속 없이 병원이나 미용실에 갈 때 이를 walk in이라고 합니다.

② **No, I have a dinner plan. / Yes, any time on Thursday is fine.**

아니요, 저녁 약속이 있어요. / 네, 목요일 어느 때라도 괜찮아요.

dinner plan은 '저녁 약속'이라는 뜻이죠. dinner promise라고 하지 않습니다.

③ **Yes, please. / Yes, but not now. I'll call you back.**

네, 감사합니다. / 네, 지금 말고요. 다시 전화 드릴게요.

call someone back은 '~에게 다시 전화를 하다'라는 뜻입니다.

Unit 07 Business trips

출장

Unit 07 Business trips
출장

🎲 Dialogue 🔊 MP3 02-07-01

Ava is going on a business trip for 4 days. She is packing her suitcase. Ava doesn't like to travel with a big bag. She is a light traveler. 에이바는 4일간 출장을 갑니다. 그녀는 짐을 싸고 있네요. 에이바는 큰 가방을 가지고 여행하는 것을 좋아하지 않습니다. 짐을 가볍게 싸는 편이거든요.

Ava   Toothbrush, check. Toothpaste, check. 칫솔, 있고. 치약, 챙겼고.

Sister Wait. Are you taking that toothpaste? That's the only one we have. 잠깐. 그 치약 가져가는 거야? 집에 치약이 그것밖에 없는데.

Ava   Really? Then I'll leave it here and buy one at the airport.
그래? 그럼 이건 두고 공항에서 하나 살게.

> **Tips** business trip은 '출장'이라는 뜻입니다. '일' business 때문에 가는 '여행' trip이니까요.
> **A :** I forgot to take my shaving kit on my business trip.
> 출장에 면도용품 가져가는 걸 깜빡 했지 뭐야.
> **B :** I hope you didn't have to go to a meeting right away.
> 미팅에 바로 가야 하지 않았길 바라.

Vocab
business trip 출장　　pack 짐을 싸다　　suitcase 여행가방　　leave 남겨두다
light traveler 여행갈 때 짐을 가볍게 가져가는 사람　　include 포함하다

⬢ Useful Expressions

1. 짐 싸기 MP3 02-07-02

A **How many dress shirts should I bring?**
와이셔츠를 몇 벌 가져가야 할까?

B **One per day, in case the hotel doesn't have laundry service.**
하루 한 벌씩 입을 수 있게 가져가. 호텔에 세탁 서비스가 없을 수도 있으니까.

· **I forgot to pack extra socks.**
여벌 양말을 깜박 잊고 안 가져왔네.

· **I must bring this original copy of the contract.**
저는 이 계약서 원본은 꼭 가져가야 합니다.

> **Tips** a dress shirt라고 하면 양복 안에 입는 와이셔츠를 뜻하는 표현입니다. 드레스 같은 셔츠나 드레스와 함께 입는 셔츠가 아니니 혼동하지 마세요.

2. 호텔 예약 MP3 02-07-03

A **I'd like to book a room for two nights.**
2박 일정으로 객실을 예약하고 싶은데요.

B **OK. When are you checking in?**
네. 언제 체크인 하세요?

· **Do you have a reservation?**
예약하고 오셨습니까?

· **Is breakfast included?**
조식이 포함되어 있나요?

> **Tips** 호텔을 예약할 때 book이라는 표현을 쓰는데, 그냥 make a reservation으로 말하기도 합니다.

3. 국내 출장

A I need to get train tickets for Busan.
부산행 열차표를 사야 합니다.

B OK. I'll get them for you. When are you leaving?
알겠습니다. 제가 구해 드릴게요. 언제 떠나시나요?

· We need to visit our plant in Gwangju.
우리는 광주에 있는 우리 공장을 방문해야 합니다.

· Will it be easier to get there by bus?
거기 버스로 가는 게 더 쉬울까요?

 Tips When are you leaving?은 현재진행형으로 가까운 미래를 나타내는 표현입니다. When are you going to leave?라고 해도 됩니다.

4. 해외 출장

A Your business trip is coming up.
출장이 얼마 안 남았네요.

B Yeah, I'm leaving in three days. It's my first time to go to China.
네, 3일 후에 떠나요. 중국에 가는 것은 처음입니다.

· I hope you'll have a safe trip.
출장 무사히 다녀오시기 바랍니다.

· I made a reservation with HNL Airlines for you.
제가 HNL 항공사에 예약해 드렸습니다.

 Tips It's my first time to go to China.는 I've never been to China before.로 바꿔 쓸 수 있습니다.

Vocab

plant 공장　　come up 가까워 오다, 다가오다　　make a reservation 예약하다

Speaking Practice

문장을 여러 번 반복해 읽으면서 따라 하면 더 오랫동안 머릿속에 남고 자신도 모르게 말문이 터집니다.

1. 다음 문장을 듣고 □에 횟수를 체크해가며 큰 소리로 따라 해보세요. MP3 02-07-06

① Ava is going on a business trip. □ □ □ □
② How many dress shirts should I bring? □ □ □ □
③ I'd like to book a room for two nights. □ □ □ □
④ I need to get train tickets for Busan. □ □ □ □
⑤ Have a safe trip! □ □ □ □

2. 다음 문장을 듣고 빈칸을 채우며 말해보세요. MP3 02-07-07

① 그녀는 여행갈 때 짐을 가볍게 쌉니다. → She is a _____ traveler.
② 여벌 양말을 싸오는 것을 잊었어요. → I forgot to _____ extra socks.
③ 나는 이 계약서 원본을 반드시 가져가야 합니다.
  → I must bring this _____ _____ of the contract.
④ 우리는 광주에 있는 우리 공장을 방문해야 합니다.
  → We need to visit our _____ in Gwangju.
⑤ 당신을 위해 제가 예약을 했습니다. → I made a _____ for you.

3. 다음 대화문 중 A의 말을 듣고 적절히 답해보세요. MP3 02-07-08

① A: Is breakfast included? 조식 포함인가요?
  B: _____.

② A: When are you leaving? 언제 떠나십니까?
  B: _____.

③ A: Will it be easier to get there by bus? 그곳에 버스를 타고 가는 게 더 쉬울까요?
  B: _____.

① 에이바는 출장을 갑니다.
② 와이셔츠를 몇 벌 가져가야 하지?
③ 2박 일정으로 객실을 예약하려고요.
④ 부산행 열차표를 사야 합니다.
⑤ 여행 무사히 다녀오세요!

---

① **light**   '가볍게 짐을 싸는 사람'은 light traveler입니다.
② **pack**   짐을 쌀 때 pack이라는 표현을 쓰죠.
③ **original copy**   '원본'을 original copy로 나타냅니다.
④ **plant**   '공장'이라는 의미의 단어입니다. Factory를 사용해도 좋습니다.
⑤ **reservation**   '예약'을 reservation이라고 하죠.

---

① **Yes, it is served on the first floor. / No, you have to pay for it.**
네, 1층에서 제공됩니다. / 아닙니다. 따로 지불하셔야 합니다.
호텔 예약에 조식이 포함되어 있는지 묻는 문장입니다. 아침식사를 '제공한다'고 할 때 serve라는 동사를 씁니다.

② **Next week. / I'm leaving for the States tomorrow.**
다음 주요. / 저는 내일 미국으로 떠납니다.
the States는 the United States를 줄여서 말하는 표현입니다.

③ **Yes, it is. / No, you might want to fly there.**
네, 그래요. / 아니요, 비행기가 나을 겁니다.
위 문장에서 fly는 '날다'가 아니고 '비행기를 타고 가다'라는 뜻입니다.

Unit 08 Vacation
휴가

Unit 08 Vacation
휴가

🟩 Dialogue 🔊 MP3 02-08-01

Ava needs a vacation. She is talking to her boss. Ava gets a week off per year. But she doesn't think that's enough. 에이바는 휴가가 필요합니다. 상사에게 이야기를 하네요. 에이바는 일 년에 일주일을 쉴 수 있습니다. 하지만 충분하지 않다고 생각하네요.

Ava I need more vacation. I've worked really hard!
휴가가 좀 더 필요하다고요. 정말 열심히 일했잖아요!

Boss I know you're a hard worker. But if I let you take more days off, then I'll have to do the same thing for everyone.
열심히 일하는 것 안다네. 하지만 자네에게 며칠 더 쉬도록 해주면 모든 사람들에게 똑같이 해줘야 한다고.

Ava Maybe you should allow everyone to take longer vacations. 모든 직원들이 휴가를 더 길게 쓸 수 있도록 허락하시는 게 좋을지도 몰라요.

> **Tips** vacation이라 하면 '휴가'라는 뜻도 되고, '방학'이라는 의미도 됩니다.
> A : I go skiing a lot during the winter vacation. 나는 겨울 휴가 동안 자주 스키 타러 가.
> B : I totally envy you. 너무 부럽다.

Vocab

vacation 휴가 get a week off 일주일 쉬다 let ~하도록 하다
allow ~를 허락하다 hard worker 열심히 일하는 사람

Useful Expressions

1. 휴가 일수

🔊 MP3 02-08-02

A **How many days off do you get?**
연차를 며칠 쓸 수 있어요?

B **One day a month. Plus I can take a week off in the summer.**
한 달에 하루요. 그리고 여름에는 일주일 쉴 수 있어요.

· **I don't have that much vacation time.**
나는 휴가가 그리 길지 않아요.

· **I get 10 vacation days a year.**
저는 1년에 10일 휴가를 받아요.

 Tips '휴가를 쓰다', '월차를 내다' 등 출근일에 직장에 나가지 않는 경우에는 take off와 get off 등 off 라는 단어를 씁니다.

2. 휴가 계획

🔊 MP3 02-08-03

A **I'd like to go on a road trip.**
자동차 여행을 가고 싶어.

B **Where would you like to go?**
어디로 가고 싶은데?

· **What's your summer vacation plan?**
여름 휴가 계획이 뭔가요?

· **I'm going on a family vacation next week.**
다음 주에 가족끼리 휴가를 갑니다.

 Tips '자동차 여행'이라고 할 때 car trip이나 auto trip 보다는 road trip으로 표현하는 경우가 많습니다.

3. 국내 휴가

A **I want to go to Jeju for vacation this year.**
올해는 제주도로 휴가를 가고 싶어요.

B **You'd better act fast. There won't be many plane tickets left.**
빨리 움직여야 할 걸요. 항공권이 얼마 남지 않았을 거예요.

· **We went to Haeundae over the weekend.**
우리는 주말에 해운대에 다녀왔어요.

· **It took 4 hours to drive to Chuncheon.**
춘천까지 운전해서 4시간 걸렸어요.

 you'd better~는 '~하는 게 좋을 것이다'라는 의미로 강한 조언을 나타내는 표현입니다. You'd better act fast.라는 문장에서처럼 뒤에는 동사원형을 씁니다.

4. 해외 휴가

A **I'm stressed out about my vacation. I've never been to another country!**
휴가 때문에 스트레스 받아요. 외국에 나가본 적이 없어서요!

B **You'll be all right. How long are you going to be gone?**
괜찮을 거예요. 얼마나 오래 가는 거죠?

· **I've been to the United States.**
나는 미국에 가봤어요.

· **I'd like to visit Europe.**
나는 유럽에 가보고 싶어요.

 I'm stressed out about~은 '~때문에 스트레스 받는다'라는 뜻으로 I'm stressed out because of~로 바꿔 쓸 수도 있습니다.

Vocab
over the weekend 주말 동안   it take 시간+to부정사 ~하는 데 시간이 걸리다

Speaking Practice

문장을 여러 번 반복해 읽으면서 따라 하면 더 오랫동안 머릿속에 남고 자신도 모르게 말문이 터집니다.

1. 다음 문장을 듣고 □에 횟수를 체크해가며 큰 소리로 따라 해보세요. 🎧 MP3 02-08-06

① Ava needs a vacation. □ □ □ □ □
② I don't have that much vacation time. □ □ □ □ □
③ I'm going on a family vacation next week. □ □ □ □ □
④ It took 4 hours to drive to Chuncheon. □ □ □ □ □
⑤ I'd like to visit Europe. □ □ □ □ □

2. 다음 문장을 듣고 빈칸을 채우며 말해보세요. 🎧 MP3 02-08-07

① 모든 사람이 휴가를 더 길게 다녀올 수 있도록 허락하는 게 좋을지도 몰라요.
 → Maybe you should _____ everyone to take longer vacations.
② 나는 여름에 일주일을 쉴 수 있어요.
 → I can take a week _____ in the summer.
③ 나는 자동차 여행을 가고 싶어요. → I'd like to go on a _____ trip.
④ 우리는 주말 동안 해운대에 다녀왔어요.
 → We went to Haeundae _____ the weekend.
⑤ 저는 미국에 가봤어요. → I've _____ to the United States.

3. 다음 대화문 중 A의 말을 듣고 적절히 답해보세요. 🎧 MP3 02-08-08

① A: Where would you like to go for your vacation? 휴가 때 어디에 가고 싶으세요?
 B: _____.

② A: What's your summer vacation plan? 여름 휴가 계획이 무엇인가요?
 B: _____.

③ A: How long are you going to be gone? 얼마나 오랫동안 가나요?
 B: _____.

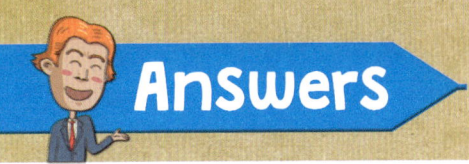

1
① 에이바는 휴가가 필요합니다.
② 저는 휴가가 그리 길지 않아요.
③ 저는 다음주에 가족들과 휴가를 갑니다.
④ 춘천까지 운전해서 4시간 걸렸어요.
⑤ 저는 유럽에 가고 싶어요.

---

① **allow**   '허락하다'는 allow 다음 to부정사를 씁죠.
② **off**   휴가를 낼 때 off라는 단어와 함께 쓰죠.
③ **road**   '자동차 여행'을 road trip으로 나타냅니다.
④ **over**   '주말 동안에'라는 어감으로 over the weekend를 사용해요.
⑤ **been**   be동사의 과거분사 형태는 been이죠.

---

① **I'd like to go to some place in Asia. / I want to go to Rome.**
아시아의 어딘가로 가고 싶어요. / 로마에 가고 싶어요.
휴가를 어디로 가고 싶은지 묻는 문장입니다. I'd like to~나 I want to~를 쓰면 됩니다.

② **I'm going to Singapore. /**
I'm going to spend my vacation at home.
싱가포르로 갑니다. / 저는 집에서 휴가를 보낼 거예요.
spend my vacation at home은 '휴가를 집에서 보내겠다'라는 의미입니다.

③ **For five days. / I'll be back on Monday.**
5일 동안이요. / 월요일에 돌아와요.
I'll be back on Monday.는 '월요일에 돌아오겠다.'라는 뜻입니다.

Unit 09 Parties
파티

Unit 09 Parties

파티

🎲 Dialogue 🔊 MP3 02-09-01

Ava's office is having a party. It is to celebrate Brian's promotion. Ava is in charge of planning the party. She asks Brian what he wants. 에이바네 사무실이 파티를 엽니다. 브라이언의 승진을 축하하기 위해서죠. 에이바는 파티 계획의 책임을 맡았습니다. 그녀는 브라이언이 무엇을 원하는지 물어보네요.

Ava Do you want the party here or at someplace else?
파티를 여기서 하기를 원해요, 아니면 다른 곳에서 하길 원해요?

Brian I appreciate you panning the party, Ava. You don't have to worry about details.
파티 계획해주는 것 고마워요, 에이바. 꼼꼼하게 신경 써줄 필요는 없어요.

Ava But it's your party! Just pick a place and let me know.
하지만 당신을 위한 파티잖아요! 그냥 장소를 정해서 제게 알려주세요.

> **Tips** party에는 여러 사람이 모여 먹고 마시며 즐기는 행사를 모두 가리키는 광범위한 뜻이 있습니다.
> A: I am going to Greg's pool party this Sunday. 난 이번 주 일요일에 그렉의 수영장 파티에 가.
> B: I'm invited, too. 나도 초대 받았어.

 Vocab

celebrate 축하하다   promotion 승진   in charge of ~를 책임지는
plan ~를 계획하다   appreciate ~을 고마워하다   chip in 여럿이 돈을 모으다

🟩 Useful Expressions

1. 생일 파티

A How old is she turning?
그녀가 몇 살이 되는 거예요?

B Forty. It's her big 4-0 party.
마흔 살이요. 그래서 4학년 1반 파티를 크게 축하해주는 거예요.

· What kind of cake should we get?
케이크는 어떤 종류를 살까요?

· We all chipped in to buy a gift.
우리 모두 돈을 모아서 선물을 샀어요.

 Tips 4-0는 four oh라고 읽습니다. 그러나 직장에서나 다른 상황에서라도 상대방에게 직접 나이를 묻는 경우는 흔하지 않습니다.

2. 환영회와 송별회

A I'd like to introduce Anna, our new HR manager.
새로 오신 인사과장 애나를 소개하고 싶습니다.

B Hi, thank you for the warm welcome.
안녕하세요. 따뜻하게 환영해주셔서 고맙습니다.

· We're sad to see you go.
당신이 그만 둔다니 슬프네요.

· Good luck with your future career!
향후 커리어에도 행운이 따르기를!

 Tips '환영회와 송별회'를 동시에 할 때 hail and farewell이라고 표현하는 경우도 있습니다. hail은 '환영하다', farewell은 '작별'이라는 뜻입니다.

3. 크리스마스 파티

A Let's do Secret Santa this year.
올해는 시크릿 산타 게임을 합시다.

B Good idea. I love gift exchanges.
좋은 생각이네요. 저 선물 교환하는 것 정말 좋아해요.

· We went to our office Christmas party.
우리는 회사 크리스마스 파티에 다녀왔어요.

· Michael hosted a Christmas party at the office.
마이클이 사무실에서 크리스마스 파티를 열었어요.

> **Tips** Secret Santa는 누가 누구에게 선물을 주는지 비밀로 한 채 크리스마스 선물을 준비하는 서양의 놀이입니다.

4. 회식

A I'm dreading to go out with my co-workers.
난 동료들과 회식하는 것 정말 두려워요.

B Why, do they make you drink?
왜, 그들이 술을 먹이나요?

· We all went out for a drink after work.
우리는 모두 퇴근 후에 한 잔 했어요.

· Why don't we go to Europa together for dinner?
저녁에 다 같이 유로파에 가면 어떨까요?

> **Tips** I'm dreading to~는 '~하기가 겁난다'라는 뜻으로 I really don't want to~로 바꿔 쓸 수 있습니다.

Vocab
host 주최하다   go out for a drink 한 잔 하다

Speaking Practice

문장을 여러 번 반복해 읽으면서 따라 하면 더 오랫동안 머릿속에 남고 자신도 모르게 말문이 터집니다.

1. 다음 문장을 듣고 □에 횟수를 체크해가며 큰 소리로 따라 해보세요. MP3 02-09-06

① Ava's office is having a party. □□□□□
② We all chipped in to buy a gift. □□□□□
③ We're sad to see you go. □□□□□
④ We went to our office Christmas party. □□□□□
⑤ I'm dreading to go out with my co-workers. □□□□□

2. 다음 문장을 듣고 빈칸을 채우며 말해보세요. MP3 02-09-07

① 파티를 계획해주셔서 고맙게 생각합니다.
  → I _____ you planning the party.

② 에이바는 파티를 계획하는 일을 맡았어요.
  → Ava is in _____ of planning the party.

③ 따뜻하게 환영해주셔서 고맙습니다.
  → Thank you for the _____ welcome.

④ 마이클이 사무실에서 크리스마스 파티를 열었어요.
  → Michael _____ a Christmas party at the office.

⑤ 우리는 모두 퇴근 후 한 잔 하러 갔어요.
  → We all went out for _____ _____ after work.

3. 다음 대화문 중 A의 말을 듣고 적절히 답해보세요. MP3 02-09-08

① A: How old is she turning? 그녀가 몇 살이 되는 거죠?
  B: _____.

② A: What kind of cake should we get? 우리가 어떤 종류의 케이크를 사야 할까요?
  B: _____.

③ A: Do they make you drink? 그들이 너 술 먹이니?
  B: _____.

① 에이바네 사무실에서 파티를 엽니다.
② 우리 모두 돈을 모아서 선물을 샀어요.
③ 당신이 그만 둔다니 슬프네요.
④ 우리는 회사 크리스마스 파티에 다녀왔어요.
⑤ 저는 동료들과 회식하는 것이 정말 걱정돼요.

---

① **appreciate** '고마워하다'는 appreciate을 사용합니다.
② **charge** 책임을 맡을 때 in charge of를 쓰죠.
③ **warm** '따뜻한 환영'을 warm welcome으로 나타냅니다.
④ **hosted** '개최했다'는 어감으로 host라는 동사를 써요.
⑤ **a drink** '한 잔'이라는 표현은 영어로도 a drink입니다.

---

① **She's turning fifty on Saturday. / I'd rather not tell you.**
그녀는 토요일에 50살이 됩니다. / 말해주지 않겠어요.

몇 살이 되는지 묻는 문장입니다. I'd rather not tell you.를 쓰면 '말을 안 해주겠다.'라는 뜻입니다.

② **I have no idea what he likes. / He loves chocolate cake.**
그가 뭘 좋아하는지 모르겠어요. / 그는 초콜릿 케이크를 좋아해요.

I have no idea.는 '전혀 모르겠다.'라는 말입니다.

③ **No, they don't really do that. / Oh, yeah. Peer pressure!**
아니, 그렇지는 않아. / 오, 그래. 압박이야!

peer pressure는 '남이 하니까 나도 해야 한다는 강박감'이라는 의미의 표현입니다.

Unit 10 Dating
데이트

Unit 10 Dating

데이트

Dialogue MP3 02-10-01

Ava met Frank at Brian's party. It is Friday evening and they are going out. Ava is wondering if Frank wants to see a movie. She asks him.

에이바는 브라이언의 파티에서 프랭크를 만났습니다. 금요일 저녁 둘은 외출합니다. 에이바는 프랭크가 영화를 보고 싶은지 궁금합니다. 그에게 물어보네요.

Ava I was wondering if you'd like to see a movie.
영화를 한 편 보고 싶은지 궁금해요.

Frank I'd love to! Do you know what's playing?
아주 좋죠! 무슨 영화 하는지 아세요?

Ava No, but there's a theater nearby. We can go check.
아니요. 그런데 근처에 극장이 하나 있어요. 가서 보죠.

> **Tips** go out with someone이라고 하면 '~와 교제하다/~와 사귄다'라는 뜻이 있습니다.
> A : **Are you seeing someone?** 너 누구 만나는 사람 있니?
> B : **Yes, I'm going out with Paige.** 응. 나 페이지랑 사귀어.

Vocab

go out 외출하다, 교제하다　　play 상영하다　　nearby 근처에
blind date 소개팅　　chemistry 서로 통하는 감정　　text 문자를 보내다

Useful Expressions

1. 소개팅

A **How was your blind date?**
소개팅 어땠어?

B **It went well. We hit it off.**
잘 됐어. 서로 잘 맞더라고.

· **What is he like?**
그는 어떤 사람인데?

· **We didn't have chemistry at all.**
우리는 전혀 서로 통하지 않았어.

 소개팅은 blind date라고 합니다. 그런데 미팅을 meeting이라고 하지는 않습니다. meeting은 '회의'라는 뜻이거든요.

2. 연락처 교환

A **I'd like to see you again. Can I call you?**
당신을 또 만나고 싶어요. 전화해도 될까요?

B **OK, here's my number.**
그러세요. 여기 내 전화번호예요.

· **Can I have her number?**
그녀의 전화번호를 알 수 있을까?

· **I texted her but she hasn't texted me back.**
그녀에게 문자 보냈는데 아직 답이 없어.

 '전화번호'는 phone number나 cell phone number라고 표현하는 경우보다는 그냥 one's number라고 할 때가 많습니다.

3. 기념일

A Let's go to a nice restaurant for our one month anniversary.
우리 만난 지 한 달 기념으로 근사한 레스토랑에 가요.

B One month anniversary? How many anniversaries are there?
한 달 기념? 기념일이 얼마나 많은 거야?

· We celebrated our one year anniversary yesterday.
우리 어제 만난 지 1년 되는 날이었어.

· Michael and I have been together for three months.
마이클과 나는 사귄 지 3개월 됐어.

결혼기념일은 wedding anniversary라고도 하고, 결혼했다는 상황을 모두가 아는 경우에는 그냥 anniversary라고 부릅니다.

4. 이별

A I'm breaking up with my boyfriend.
나 남자친구와 헤어질 거야.

B Why? I thought your relationship was going well.
왜? 잘 돼가는 줄 알았는데.

· We decided to have a break.
우리 잠시 서로 안 만나기로 했어.

· My girlfriend dumped me.
여자친구가 나를 찼어.

I'm breaking up with my boyfriend.라고 하면 '나 남자친구랑 헤어질 거야.'라는 의미로 이별을 선언하는 사람이 '나'라는 뜻입니다.

Vocab

celebrate 축하하다   relationship 관계   dump 버리다, 차다

Speaking Practice

문장을 여러 번 반복해 읽으면서 따라 하면 더 오랫동안 머릿속에 남고 자신도 모르게 말문이 터집니다.

1. 다음 문장을 듣고 □에 횟수를 체크해가며 큰 소리로 따라 해보세요. **MP3 02-10-06**

① Ava met Frank at Brian's party. □□□□□
② We hit it off. □□□□□
③ I texted her but she hasn't texted me back. □□□□□
④ We have been together for three months. □□□□□
⑤ We decided to have a break. □□□□□

2. 다음 문장을 듣고 빈칸을 채우며 말해보세요. **MP3 02-10-07**

① 무슨 영화 하는지 아세요? → Do you know what's _____?
② 우리는 서로 전혀 통하지 않았어. → We didn't have _____ at all.
③ 여기 내 전화번호예요. → Here's my _____.
④ 어제가 우리 만난 지 1년 되는 기념일이었어.
 → We celebrated our one year _____ yesterday.
⑤ 여자친구가 나를 찼어. → My girlfriend _____ me.

3. 다음 대화문 중 A의 말을 듣고 적절히 답해보세요. **MP3 02-10-08**

① A: How was your blind date? 소개팅 어땠니?
 B: _____.

② A: What is he like? 그는 어떤 사람이었어?
 B: _____.

③ A: Can I have her number? 그녀 전화번호를 알 수 있을까?
 B: _____.

① 에이바는 브라이언의 파티에서 프랭크를 만났습니다.
② 우리는 죽이 잘 맞았어.
③ 그녀에게 문자를 보냈는데 답이 없어.
④ 우리는 사귄 지 3개월 됐어요.
⑤ 우리 잠시 떨어져 있기로 했어.

---

① **playing** — '(영화를) 상영하다'는 동사 play를 사용합니다.
② **chemistry** — 마음이 통할 때 chemistry를 쓰죠.
③ **number** — '전화번호'를 그냥 number라고 나타냅니다.
④ **anniversary** — '기념일'이라는 뜻으로 annivesay라는 명사를 써요.
⑤ **dumped** — '찼다'라는 표현은 영어로 dump입니다.

---

① **It went well. / My date didn't show up.**
잘됐어. / 상대가 안 나왔어.
소개팅이 어땠는지 묻는 문장입니다. My date didn't show up.을 쓰면 '소개팅하기로 한 사람이 안 나왔다.'라는 뜻입니다.

② **He is an outgoing person. / He is tall and handsome.**
그는 외향적인 성격이야. / 그는 키가 크고 잘생겼어.
outgoing person은 '외향적인 사람'이라는 의미입니다.

③ **No, I can't give it to you. / I'll ask her first.**
안 돼. 네게 줄 수 없어. / 우선 그녀에게 물어볼게.
I'll ask her first.는 '그녀에게 먼저 물어보고.'라는 의미의 표현입니다.

Chapter 03 여러 가지 상황

- Unit 01 **At the bank** 은행에서
- Unit 02 **Credit card** 신용카드
- Unit 03 **At the airport** 공항에서
- Unit 04 **At a hotel** 호텔에서
- Unit 05 **Asking for directions** 길 묻기
- Unit 06 **At a restaurant** 식당에서
- Unit 07 **At a movie theater** 영화관에서
- Unit 08 **At a post office** 우체국에서
- Unit 09 **At the mall** 쇼핑몰에서
- Unit 10 **At a doctor's office** 병원에서

Unit 01 At the bank
은행에서

Unit 01 At the bank

은행에서

Dialogue 🔊 MP3 03-01-01

Frank goes to ABC Bank. He needs to open an account. The teller asks him to fill out a form. 프랭크는 ABC 은행에 갑니다. 계좌를 개설해야 하거든요. 창구 직원이 프랭크에게 양식을 하나 작성하라고 합니다.

Teller You're all set. Would you like to sign up for Internet banking, too? 다 되셨습니다. 인터넷뱅킹도 가입하시겠어요?

Frank What can I do on the Internet?
인터넷으로 무엇을 할 수 있는데요?

Teller You can check your account balance, make a transfer…
계좌 잔액도 확인하실 수 있고, 이체 거래도 하실 수 있고요…

> **Tips** sign up for라고 하면 '~를 신청하다'라는 의미입니다.
> A : Are you signing up for this class? 너 이 수업 신청하려고?
> B : Yes, looks like we'll be in the same class. 응. 우리 같은 수업 듣게 되겠네.

Vocab

open an account 계좌를 개설하다   teller 창구 직원   fill out 작성하다
form 양식   all set 모두 준비된   account number 계좌번호

⊞ Useful Expressions

1. 계좌 개설　　　　　　　　　　　　　　　　　MP3 03-01-02

A **I'd like to open an account.**
계좌를 개설하려고요.

B **OK. Can I see an ID, please?**
네. 신분증을 보여주시겠습니까?

· **What kind of account would you like to open?**
어떤 계좌를 개설하고 싶으신가요?

· **We have checking and savings accounts.**
당좌예금계좌와 저축예금계좌가 있습니다.

> checking account는 고객이 개인수표를 발행할 수 있는 계좌입니다. 저축예금계좌는 savings account라고 합니다.

2. 입금하기　　　　　　　　　　　　　　　　　MP3 03-01-03

A **I'd like to make a deposit into my savings account.**
저축예금계좌에 입금을 하려고 합니다.

B **OK, here's a deposit slip. Please fill it out.**
그러세요. 여기 입금증입니다. 작성해주세요.

· **Can I have your bank book?**
통장을 보여주시겠습니까?

· **Do you know your account number?**
당신의 계좌번호를 알고 계시나요?

> '입금증'과 같은 양식을 '작성하다'라는 표현을 할 때는 fill out을 이용합니다. 그리고 양식 내의 빈 칸 하나하나에 '적어 넣는다'는 어감으로는 fill in을 사용합니다.

3. 출금하기

A I am trying to make a withdrawal but the ATM is not working.
출금을 하려고 하는데 ATM이 고장 났네요.

B Oh, really? Then I can help you over here.
아, 그래요? 그럼 이쪽에서 해드릴 수 있어요.

· How much do you want to take out?
얼마를 출금하고 싶으세요?

· I need to pull some money out but I don't remember my PIN.
돈을 좀 찾아야 하는데 비밀번호가 생각이 안 나요.

 숫자로 되어 있는 비밀번호는 PIN이라고 하는데, Personal Identification Number의 약자입니다. 글자가 섞여 있는 비밀번호는 password라고 합니다.

4. 환전

A I'd like to exchange 500 dollars into Korean won.
500달러를 원화로 바꾸고 싶습니다.

B Sure. The exchange rate is 1,216 won per dollar.
네. 환율은 1달러 당 1,216원입니다.

· We can offer you a preferential rate.
우대 환율을 적용해 드릴 수 있습니다.

· The won is strong against the dollar.
달러 대비 원화가 강세입니다.

 The won is weak against the dollar.라고 하면 원화가 약세라는 뜻이 됩니다.

Vocab

pull/take money out 돈을 찾다   preferential 특혜의, 우대의   per ~당

Speaking Practice

문장을 여러 번 반복해 읽으면서 따라 하면 더 오랫동안 머릿속에 남고 자신도 모르게 말문이 터집니다.

1. 다음 문장을 듣고 □에 횟수를 체크해가며 큰 소리로 따라 해보세요. 🎧 MP3 03-01-06

① You're all set. ☐☐☐☐☐
② Can I see an ID, please? ☐☐☐☐☐
③ I'd like to make a deposit. ☐☐☐☐☐
④ I don't remember my PIN. ☐☐☐☐☐
⑤ We can offer you a preferential rate. ☐☐☐☐☐

2. 다음 문장을 듣고 빈칸을 채우며 말해보세요. 🎧 MP3 03-01-07

① 당신의 계좌 잔액을 확인하실 수 있습니다.
→ You can check your account _____.

② 계좌를 개설하고 싶습니다. → I'd like to _____ an account.

③ 여기 입금증입니다. → Here's a _____ slip.

④ 저는 돈을 좀 찾아야 합니다. → I need to _____ some money out.

⑤ 원화가 달러 대비 강세입니다. → The won is _____ against the dollar.

3. 다음 대화문 중 A의 말을 듣고 적절히 답해보세요. 🎧 MP3 03-01-08

① A: What kind of account would you like to open? 어떤 계좌를 개설하고 싶으신가요?
B: _____.

② A: Can I have your bank book? 통장을 보여주시겠어요?
B: _____.

③ A: Do you know your account number? 당신의 계좌번호를 알고 계시나요?
B: _____.

① 다 되셨습니다.

② 신분증을 보여주시겠어요?

③ 입금을 하려고 합니다.

④ 비밀번호가 생각이 안 납니다.

⑤ 우대 환율을 적용해 드릴 수 있습니다.

---

① **balance**   '잔액'은 balance로 표현합니다.

② **open**   계좌를 개설할 때 open으로 표현합니다.

③ **deposit**   '입금'을 deposit으로 나타냅니다.

④ **pull/take**   '돈을 찾다, 뽑다'라는 뜻으로 pull/take money out을 사용합니다.

⑤ **strong**   '강세'라는 표현은 strong으로 나타냅니다.

---

① **A savings account, please. / What kind do you have?**

저축예금계좌로 부탁합니다. / 어떤 종류가 있나요?

어떤 종류의 계좌를 개설할지 묻는 질문입니다. What kind do you have?라고 하면 '어떤 종류의 계좌가 있는데요?'라는 뜻입니다.

② **Here it is. / I didn't bring it.**

여기요. / 안 가지고 왔는데요.

I didn't bring it.은 '안 가지고 왔는데요.'라는 의미입니다.

③ **No, I don't remember it. / Yes, do you need me to write it down?**

아니요, 기억이 안 나는데요. / 네, 적어 드려야 하나요?

Do you need me to write it down?은 '적어 드려야 하나요?'라는 의미입니다.

Unit 02 Credit card
신용카드

Unit 02 Credit card

신용카드

🎲 Dialogue 🎧 MP3 03-02-01

The teller at the bank says Frank has been pre-approved for a new credit card. Frank is wondering what the minimum payment is. 창구 직원이 프랭크에게 새 신용카드를 신청할 수 있는 자격이 있다고 말합니다. 프랭크는 매달 내야 하는 최소금액이 얼마인지 궁금합니다.

Teller Your minimum payment is $10.
최소 10달러씩만 지불하시면 됩니다.

Frank So, I don't have to pay the card off every month?
그럼 매달 청구금액을 다 갚지 않아도 되는 거죠?

Teller That's right.
맞습니다.

> **Tips** '신용카드 청구서'는 credit card bill이라고 합니다.
> A: **I got this month's credit card bill.** 이번 달 신용카드 청구서가 나왔어.
> B: **Oh… Is it bad?** 오… 많이 나왔어?

Vocab
pre-approved 미리 승인을 받은   minimum payment 최소금액   pay off 모두 갚다
bill 청구서, 고지서   take (지불 수단을) 받다   report 신고하다

Useful Expressions

1. 물건을 살 때

🎵 MP3 03-02-02

A **Do you take credit cards?**
카드 받으시나요?

B **No, cash only. Sorry.**
아니요, 현금만 가능합니다. 죄송합니다.

· **Credit or debit?**
신용카드세요, 직불카드세요?

· **Your credit card has been denied.**
당신의 카드가 승인이 안 납니다.

 거래 승인이 안 날 때는 Your transaction has been denied.라고 할 수도 있습니다.

2. 분실신고

🎵 MP3 03-02-03

A **I'd like to report a lost credit card.**
신용카드 분실신고를 하려고 합니다.

B **OK, what's the name on the card?**
네, 카드 상의 성함이 어떻게 되시나요?

· **Do you happen to remember the card number?**
혹시 카드번호를 기억하시나요?

· **When was it lost?**
언제 분실하셨나요?

 '언제 도난당하셨나요?'라는 표현은 When was it stolen?이라고 하면 됩니다.

3. 갱신하기

A I want to renew my credit card.
제 신용카드를 갱신하고 싶습니다.

B OK, when does it expire?
네, 언제 만기가 되는데요?

- This card will be automatically renewed.
이 카드는 자동 갱신됩니다.

- You need to apply for a new card.
새 카드를 신청하셔야 합니다.

> **Tips** 정기구독 등이 만료되어 갱신할 때도 renew라는 동사를 씁니다. '갱신'이라는 뜻의 명사형은 renewal입니다.

4. 연체

A I have 500 dollars in credit card debt.
나 500달러 카드 빚이 있어.

B Pay it off as soon as possible!
가능한 한 빨리 갚아!

- The interest rate is horrendous.
이자가 엄청나게 높아.

- How much do we owe?
우리 카드 값 얼마 나왔어?

> **Tips** owe는 '빚지다'라는 뜻입니다. How much do we owe?는 How much do we owe the credit card company? '우리 신용카드 회사에 얼마 빚졌어?'에서 the credit card company가 생략된 표현으로 의역하면 '우리 카드 값 얼마 나왔어?'라는 의미입니다.

automatically 자동으로   horrendous 끔찍한

Speaking Practice

문장을 여러 번 반복해 읽으면서 따라 하면 더 오랫동안 머릿속에 남고 자신도 모르게 말문이 터집니다.

1. 다음 문장을 듣고 □에 횟수를 체크해가며 큰 소리로 따라 해보세요. MP3 03-02-06

① I got the credit card bill. □□□□□
② Do you take credit cards? □□□□□
③ I'd like to report a lost credit card. □□□□□
④ You need to apply for a new card. □□□□□
⑤ Pay it off as soon as possible! □□□□□

2. 다음 문장을 듣고 빈칸을 채우며 말해보세요. MP3 03-02-07

① 최소 지불액은 10달러입니다. → Your _____ payment is $10.
② 카드 승인이 거절되었습니다. → Your credit card has been _____.
③ 혹시 카드번호를 기억하시나요?
 → Do you _____ to remember the card number?
④ 이 카드는 자동으로 갱신될 겁니다.
 → This card will be automatically _____.
⑤ 이자율이 끔찍하게 높아요. → The interest _____ is horrendous.

3. 다음 대화문 중 A의 말을 듣고 적절히 답해보세요. MP3 03-02-08

① A: When was it lost? 언제 분실하셨죠?
 B: _____.

② A: When does it expire? 언제 만기가 되나요?
 B: _____.

③ A: How much do we owe? 우리 카드 값이 얼마니?
 B: _____.

① 나 카드 고지서를 받았어.

② 카드 받으세요?

③ 카드 분실신고를 하려고요.

④ 카드를 새로 신청하셔야 합니다.

⑤ 최대한 빨리 갚아!

---

① **minimum** '최소지불액'은 minimum payment입니다.

② **denied** '거절당했다'라는 의미로 be denied를 사용합니다.

③ **happen** '혹시'라는 의미로 happen to를 사용합니다.

④ **renewed** '갱신하다'라는 의미로 renew를 사용하며, renewed는 과거분사입니다.

⑤ **rate** '이자율'이라는 표현은 interest rate입니다.

---

① **About an hour ago. / I don't know.**

약 한 시간 전에요. / 잘 모르겠어요.

카드를 언제 분실했는지 묻는 질문입니다. About an hour ago.라고 하면 '한 시간 전쯤'이라는 뜻입니다.

② **May 2020. / It doesn't say.**

2020년 5월이요. / 안 쓰여있는데요.

It doesn't say.는 '안 쓰여있는데요.'라는 의미입니다.

③ **$6,000! / Only $500 this month.**

6,000달러! / 이번 달은 500달러 밖에 안 나왔어.

Only $500 this month.는 '이번 달에는 500달러 밖에 안 나왔어.'라는 의미입니다.

Unit 03 At the airport
공항에서

Unit 03

At the airport

공항에서

🎲 Dialogue 🔊 MP3 03-03-01

Frank is going on a business trip. He is checking in for his flight. The clerk is asking him how many bags he is checking. 프랭크가 출장을 갑니다. 탑승수속을 하고 있네요. 직원이 프랭크에게 가방을 몇 개 부치는지 물어봅니다.

Frank I have one bag to check and a carry-on.
부칠 짐 하나, 기내 가방 하나입니다.

Agent OK, please place your suitcase on the scale.
네, 짐을 저울에 올려놓아 주세요.

Frank Sure.
그러죠.

> **Tips** '저울'은 scale이라고 합니다. scale에는 '규모'라는 다른 뜻이 있다는 것도 기억하세요.
> A : **It was a large-scale concert.** 그 콘서트는 정말 규모가 컸어.
> B : **Oh, yeah? Did you enjoy it?** 어, 그래? 재미있었어?

Vocab

check in 탑승수속을 하다   flight 항공편   check 짐을 부치다
carry-on 기내 가방   suitcase 여행용 가방   value 가격, 가치

Useful Expressions

1. 보안 검색대

MP3 03-03-02

A Do you have a laptop in this bag?
이 가방 안에 노트북이 있나요?

B Yes, I'll take it out.
네, 꺼낼게요.

· **Please take off your jacket and your shoes.**
겉옷과 신발을 벗어주세요.

· **Can I see your boarding pass, please?**
탑승권을 보여주시겠습니까?

 Tips 탑승권은 boarding pass라고 합니다. board가 '탑승하다'라는 동사거든요.

2. 쇼핑하기

MP3 03-03-03

A How many bottles of alcohol am I allowed to buy?
술을 몇 병 살 수 있나요?

B One per passenger.
승객 한 명 당 한 병입니다.

· **Do you have a discount card?**
할인카드를 가지고 계신가요?

· **You can only buy duty-free goods up to a value of $400.**
면세품은 400달러 까지만 구매가 가능합니다.

 Tips '면세'는 tax free라고도 합니다. 또 good은 복수형 goods로 쓰면 '물건, 상품'이라는 뜻의 명사가 됩니다.

3. 탑승하기

A We're pre-boarding now.
지금은 우선 탑승객이 탑승하고 있습니다.

B OK, I'm flying first class.
네, 저 일등석인데요.

· As you are with small children, you can board before other passengers.
아이들이 있으시니 다른 승객보다 먼저 탑승하실 수 있습니다.

· General boarding will start in a few minutes.
일반 탑승은 잠시 후에 시작됩니다.

 Tips 일등석과 비즈니스석 승객, 장애인, 유아를 동반한 승객 등이 먼저 탑승하는 것을 pre-boarding이라고 합니다.

4. 입국

A What's the purpose of your visit?
당신의 방문 목적이 무엇입니까?

B I'm visiting my relatives.
친지 방문입니다.

· How long are you going to stay here?
여기 얼마나 오래 머무를 예정입니까?

· Are you staying at a hotel?
호텔에서 숙박하십니까?

 Tips '입국심사'는 immigration check라고 합니다. 입국심사 직원은 immigration officer라고 하죠.

Vocab

first class 일등석   purpose 목적

Speaking Practice

문장을 여러 번 반복해 읽으면서 따라 하면 더 오랫동안 머릿속에 남고 자신도 모르게 말문이 터집니다.

1. 다음 문장을 듣고 □에 횟수를 체크해가며 큰 소리로 따라 해보세요. 🎧 MP3 03-03-06

① He is checking in for his flight. □ □ □ □ □
② Please place your suitcase on the scale. □ □ □ □ □
③ Can I see your boarding pass, please? □ □ □ □ □
④ You can board any time you want. □ □ □ □ □
⑤ What's the purpose of your visit? □ □ □ □ □

2. 다음 문장을 듣고 빈칸을 채우며 말해보세요. 🎧 MP3 03-03-07

① 그것은 규모가 큰 콘서트였어요. → It was a large-_____ concert.
② 겉옷과 신발을 벗어주세요.
　→ Please _____ _____ your jacket and your shoes.
③ 제가 술을 몇 병 살 수 있는 건가요?
　→ How many bottles of alcohol am I _____ to buy?
④ 일반 탑승은 잠시 후에 시작될 예정입니다.
　→ General _____ will start in a few minutes.
⑤ 친지를 방문하려고 합니다. → I'm visiting my _____.

3. 다음 대화문 중 A의 말을 듣고 적절히 답해보세요. 🎧 MP3 03-03-08

① A: Do you have a laptop in this bag? 이 가방에 노트북이 들어 있나요?
　B: _____.

② A: How long are you going to stay here? 얼마나 오래 머물 예정이십니까?
　B: _____.

③ A: Are you staying at a hotel? 호텔에서 숙박하시나요?
　B: _____.

Unit 03. At the airport　153

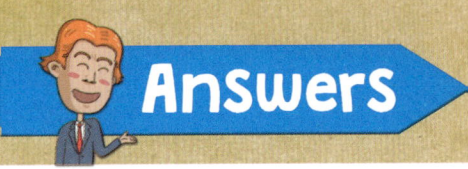

① 그는 탑승수속을 하고 있습니다.
② 가방을 저울 위에 올려놓아 주세요.
③ 탑승권을 보여주시겠습니까?
④ 당신은 원할 때 언제라도 탑승할 수 있습니다.
⑤ 방문 목적이 무엇입니까?

---

① **scale**   '규모'는 scale이라는 단어로 표현합니다.
② **take off**   '벗다'를 take off로 나타냅니다.
③ **allowed**   '허가하다'를 allow로 표현합니다.
④ **boarding**   '탑승'이라는 의미로 boarding을 사용하며, board가 '탑승하다'라는 의미입니다.
⑤ **relatives**   '친척'이라는 표현은 relative(s)입니다.

---

① **Yes, I do. I'll take it out. / Yes. Do I need to take it out?**
네, 있어요. 꺼낼게요. / 네, 꺼내야 하나요?
승객이 노트북을 가지고 탑승할 것인지의 여부를 묻는 질문입니다. take out은 '꺼내다'라는 의미입니다.

② **Five days. / I'll be here for two weeks.**
5일이요. / 2주간 머무를 예정입니다.
for two weeks는 '2주일 동안'이라는 의미입니다.

③ **Yes, at the Liberty Hotel. / No, I'm staying with a friend.**
네, 리버티 호텔이요. / 아니요, 저는 친구 집에 머무를 겁니다.
stay with a friend는 '친구 집에서 묵다'라는 의미입니다.

Unit 04 At a hotel
호텔에서

Unit 04 At a hotel

호텔에서

🎲 Dialogue ◉ MP3 03-04-01

Frank is at a hotel. He asks if there are rooms available. The front desk clerk says there are some vacancies. 프랭크는 한 호텔에 갔습니다. 방이 있는지 물어보네요. 프런트 데스크 직원이 방이 몇 개 있다고 말합니다.

Frank   Do you have one with a king-sized bed?
킹사이즈 침대가 있는 방 하나 있나요?

Clerk   Yes, we do.
네, 있습니다.

Frank   Good. I'd like to stay there.
잘 됐군요. 거기 묵고 싶습니다.

> **Tips** available은 '사용 가능한'이라는 뜻입니다. 그런데 '(어떤 제품이) 시판 중인'이라는 의미도 있습니다.
> A: The book you're looking for is not available. 당신이 찾는 책은 지금 없습니다.
> B: Oh, yeah? Can I order it? 어, 그래요? 주문이 가능할까요?

Vocab
available 이용 가능한   vacancy 빈 방   extend 연장하다
complimentary 무료의   serve 서빙하다, 제공하다   offer 제공하다

Useful Expressions

1. 숙박 기간
MP3 03-04-02

A **How long would you like to stay?**
얼마나 오래 묵을 예정이신가요?

B **Two nights, please.**
2박을 할 예정입니다.

· **When are you checking out?**
언제 체크아웃 예정이신가요?

· **Can I extend my stay here, please?**
숙박 기간을 연장할 수 있을까요?

 호텔에서의 숙박 기간은 two days보다는 two nights로 표현합니다.

2. 아침식사
MP3 03-04-03

A **A complimentary breakfast is served on the first floor.**
1층에서 아침식사를 무료로 제공합니다.

B **Oh, good. Until what time?**
아, 좋네요. 몇 시까지인가요?

· **We offer free continental breakfast.**
저희는 무료로 간단한 아침식사를 제공합니다.

· **Breakfast hours are from 6 to 10.**
조식시간은 6시부터 10시까지입니다.

 continental breakfast는 토스트와 커피 등으로 구성된 간단한 아침식사입니다. 달걀과 베이컨 요리 등이 제공되면 American breakfast라고 합니다.

3. 객실서비스

A I'd like a wake-up call at 6 A.M., please.
아침 6시에 모닝콜 부탁합니다.

B OK, Room 356, right?
네, 356호 맞으시죠?

· **Can I have an extra towel, please?**
수건을 하나 더 가져다주시겠어요?

· **Does the room have wireless Internet?**
객실에 무선인터넷이 되나요?

> **Tips** '모닝콜'은 morning call이라고 하지 않고 wake-up call이라고 합니다.

4. 체크아웃

A Check-out time is noon.
체크아웃 시간은 정오입니다.

B Can I ask for a late check out?
체크아웃 시간을 늦출 수 있나요?

· **Did you use anything from the mini bar?**
미니 바에서 사용하신 물품이 있으신가요?

· **I never ordered room service, but the bill says I did.**
저는 룸서비스를 시킨 적이 없는데 청구가 되었어요.

> **Tips** late check out이 안 되더라도, 체크아웃 후 짐을 호텔에 맡기고 볼 일을 볼 수는 있습니다.

wireless 무선의   bill 고지서, 청구서

Speaking Practice

문장을 여러 번 반복해 읽으면서 따라 하면 더 오랫동안 머릿속에 남고 자신도 모르게 말문이 터집니다.

1. 다음 문장을 듣고 □에 횟수를 체크해가며 큰 소리로 따라 해보세요. MP3 03-04-06

① Can I extend my stay here, please? □ □ □ □ □
② How long would you like to stay? □ □ □ □ □
③ Breakfast hours are from 6 to 10. □ □ □ □ □
④ Can I have an extra towel, please? □ □ □ □ □
⑤ I never ordered room service. □ □ □ □ □

2. 다음 문장을 듣고 빈칸을 채우며 말해보세요. MP3 03-04-07

① 2박을 하고 싶습니다. → I'd like to stay for two _____.
② 방이 있습니다. → There are rooms _____.
③ 아침식사가 무료로 제공됩니다. → A _____ breakfast is served.
④ 아침 6시에 모닝콜을 해주세요. → I'd like a _____ call at 6 A.M.
⑤ 체크아웃 시간을 늦출 수 있나요?
 → Can I ask for a _____ check out?

3. 다음 대화문 중 A의 말을 듣고 적절히 답해보세요. MP3 03-04-08

① A: When are you checking out? 언제 체크아웃 하실 예정이십니까?
 B: _____.

② A: Does the room have wireless Internet? 방에서 무선인터넷 사용이 가능한가요?
 B: _____.

③ A: Did you use anything from the mini bar? 미니 바에서 사용하신 물품이 있으십니까?
 B: _____.

① 숙박기간을 연장할 수 있습니까?
② 얼마나 오래 묵을 예정이십니까?
③ 조식시간은 6시부터 10시까지입니다.
④ 수건을 하나 더 가져다주시겠어요?
⑤ 저는 룸서비스를 시킨 적이 없는데요.

---

① **nights**   숙박시설에서 '몇 박을 하다'라는 표현은 nights로 표현합니다.
② **available**   '이용 가능한'을 available로 나타냅니다.
③ **complimentary**   '무료의'를 complimentary로 표현합니다.
④ **wake-up**   '모닝콜'이라는 의미로 wake-up call을 사용합니다.
⑤ **late**   '체크아웃 시간을 늦춰달라'고 요청할 때는 late check out을 사용합니다.

---

① **On May 5th. / In 6 days, please.**
5월 5일이요. / 6일 후에요.
체크아웃을 언제 할 것인지 묻는 질문입니다. in을 쓰면 '~후에'라는 뜻입니다.

② **Yes, and it's for free. / No, but we have wireless Internet at the Business Center.**
네, 그리고 무료로 사용 가능합니다. / 아니요, 그렇지만 비즈니스센터에는 있습니다.
for free는 '무료인'이라는 뜻입니다.

③ **Yes, a toothbrush. / No, I didn't use anything.**
네, 칫솔이요. / 아니요, 아무것도 사용하지 않았습니다.
toothbrush는 '칫솔'이죠. '치약'은 toothpaste라고 합니다.

Unit 05 Asking for directions
길 묻기

Unit 05 Asking for directions

길 묻기

Dialogue MP3 03-05-01

Frank is hungry. He asks the front desk if there is a good restaurant in town. A clerk says there are many good ones near the hotel. 프랭크는 배가 고픕니다. 시내에 좋은 식당이 있는지 프런트 데스크에 물어보네요. 직원이 호텔 근처에 좋은 식당이 많다고 합니다.

Frank Could you recommend a Korean restaurant?
한국 식당을 추천해주실 수 있나요?

Clerk Yes, there is one across this hotel.
네, 이 호텔에서 길을 건너시면 하나 있습니다.

Frank Good. Thank you.
잘 됐군요. 고맙습니다.

> **Tips** in town은 '시내에'라는 뜻입니다. in the town으로 쓰지 않는 다는 것을 기억하세요!
> A : The bookstore in town is having a sale. 시내에 있는 서점에서 세일을 하고 있어.
> B : Really? I should go check it out. 진짜? 가봐야겠다.

Vocab
in town 시내에   near ~의 근처에   recommend 추천하다
across ~의 건너편에   go straight 직진하다   (traffic) light 신호등

Useful Expressions

1. 직진

A How can I get to your office from here?
여기서 당신 사무실까지 어떻게 가면 되나요?

B Just go straight two blocks!
두 블록 직진하면 됩니다!

· Go straight in this direction.
이 방향으로 직진하세요.

· Go straight, past the intersection.
교차로를 지나 직진하세요.

 '직진하다'는 go directly가 아닌 go straight으로 표현합니다.

2. 좌회전과 우회전

A I need to find this building. Could you help me?
제가 이 건물을 찾아가야 하는데요. 도와주실 수 있습니까?

B Oh, it's easy to find. Just turn left at that corner.
아, 찾기 쉽습니다. 저 모퉁이에서 왼쪽으로 돌기만 하세요.

· Take a right turn at the intersection.
사거리에서 우회전하세요.

· Make a left at the light.
신호등에서 좌회전하세요.

 turn left/right는 take a left/right turn으로, 혹은 make a left/right으로 바꾸어서 쓸 수 있습니다.

3. 건너편

A **Do you know how I can get to the library?**
도서관에 어떻게 가는지 아세요?

B **Yes, I do! It's right across the street. See it?**
네! 길만 건너면 돼요. 보이세요?

- **Cross the street here.**
  여기서 길을 건너세요.

- **Go across Universal Street.**
  유니버설 스트리트를 건너세요.

> **Tips** '건너다'는 cross라는 동사를 쓰고 '건너편에'는 across라는 단어를 사용합니다.

4. 왼쪽과 오른쪽

A **Where is the amusement park?**
놀이공원이 어디에 있지?

B **Make a right at the intersection and it'll be on your left.**
교차로에서 우회전하면 너의 왼편에 있을 거야.

- **3570 Felicity Street is on the right hand side.**
  펠리시티 스트리트 3570번지는 오른쪽에 있어요.

- **I thought the building would be on my left.**
  건물이 왼쪽에 있을 줄 알았는데요.

> **Tips** 차를 타고 갈 때는 목적지가 어느 방향에 있는지 특히 중요하겠죠? 전치사 on을 써서 on one's left/right, on the left/right hand side 등과 같이 표현합니다.

Vocab
go across ~를 건너다   amusement park 놀이공원

Speaking Practice

문장을 여러 번 반복해 읽으면서 따라 하면 더 오랫동안 머릿속에 남고 자신도 모르게 말문이 터집니다.

1. 다음 문장을 듣고 □에 횟수를 체크해가며 큰 소리로 따라 해보세요. MP3 03-05-06

① Could you recommend a Korean restaurant? □□□□□
② Go straight in this direction. □□□□□
③ Take a right turn. □□□□□
④ It's right across the street. □□□□□
⑤ Make a right at the intersection. □□□□□

2. 다음 문장을 듣고 빈칸을 채우며 말해보세요. MP3 03-05-07

① 이 호텔에서 길을 건너면 좋은 식당이 있습니다.
  → There is a good restaurant _____ this hotel.
② 교차로를 지나 직진하세요. → Go straight, past the _____.
③ 신호등에서 좌회전하세요. → Make a left at the _____.
④ 여기서 길을 건너세요. → _____ the street here.
⑤ 건물이 왼쪽에 있을 줄 알았어요.
  → I thought the building would be _____ my left.

3. 다음 대화문 중 A의 말을 듣고 적절히 답해보세요. MP3 03-05-08

① A: How can I get to your office from here? 여기서 당신 사무실까지 어떻게 가면 되나요?
  B: _____.

② A: Do you know how I can get to the library? 도서관에 어떻게 가는지 아시나요?
  B: _____.

③ A: Where is the amusement park? 놀이공원이 어디인가요?
  B: _____.

Answers

1
① 한국 식당을 추천해주시겠습니까?
② 이 방향으로 직진하세요.
③ 우회전하세요.
④ 길만 건너면 돼요.
⑤ 교차로에서 우회전하세요.

2
① across — '길을 건너서'라는 표현은 across를 사용합니다.
② intersection — '교차로'를 intersection으로 나타냅니다.
③ light — '신호등'을 (traffic) light이라고 합니다.
④ Cross — '건너다'라는 표현은 cross를 쓰죠.
⑤ on — '~쪽에 있다'고 이야기할 때 전치사 on을 씁니다.

3
① Go straight towards Autumn Street. /
Take the subway and get off at Check Street Station.
오텀 스트리트 쪽으로 직진하세요. / 지하철을 타고 체크 스트리트 역에서 내리세요.
사무실을 어떻게 찾아가야 하는지 묻는 질문입니다. get off는 '(운송수단) ~에서 내리다'라는 표현입니다.

② Yes, it's right across the street. /
I have a GPS in my car so I'll show you.
네, 바로 길 건너입니다. / 제 차에 GPS가 있으니 알려드릴게요.
GPS는 '내비게이션'을 뜻합니다.

③ Make a right and you'll see it on your left. /
I'm sorry but I'm new here.
우회전하시면 당신의 왼편에 보일 겁니다. / 미안합니다. 저도 여기 처음이라서요.
I'm new here.는 '나는 여기 지리를 잘 모른다.'라는 의미입니다.

Unit 06 At a restaurant
식당에서

Unit 06
At a restaurant
식당에서

🎲 Dialogue 　MP3 03-06-01

Frank is at a Korean restaurant. He doesn't know what to order. The server asks if he needs a few more minutes. 프랭크는 한국 식당에 왔습니다. 무엇을 주문해야 할지 모르네요. 서버가 좀 더 있다가 주문을 받아야 할지 물어봅니다.

Frank　Could you recommend a dish that is not too heavy?
　　　　너무 부담되지 않는 요리로 추천해주실 수 있나요?

Clerk　Yes, how about Bibimbap? It's rice mixed with vegetables.
　　　　네, 비빔밥이 어떠세요? 밥에 야채를 섞어서 먹는 거예요.

Frank　Sounds good. I'll have that.
　　　　좋을 것 같네요. 그걸로 하겠습니다.

> **Tips**　미국에서 음식점에 가면 Do you need a few more minutes?라고 물어봅니다. 지금 주문을 하겠는지, 아니면 아직 뭘 먹을지 결정을 못 했는지 물어보는 것이죠.
> A : **Do you need a few more minutes?** 조금 더 있다가 주문하시겠어요?
> B : **No, I'm ready to order.** 아니요, 지금 주문하겠습니다.

Vocab

order 주문하다　　　　dish 요리　　　　　heavy 위에 부담이 되는
How about ~어떠세요?　mixed with ~와 섞인　extra 여분의

🟢 Useful Expressions

 1. 양식

A **I would like to have the sirloin steak.**
등심 스테이크로 하겠습니다.

B **How would you like your steak done?**
스테이크는 어떻게 익혀 드릴까요?

· **Can I get you anything to drink?**
음료수는 무엇으로 하시겠어요?

· **Is anyone saving room for dessert?**
디저트 드실 분 계신가요?

> **Tips** save room for dessert는 '디저트를 먹을 배를 남겨놓다'라는 의미의 표현입니다.

 2. 패스트푸드점

A **I'd like a cheeseburger and a large Coke, please.**
치즈버거와 라지 사이즈 콜라주세요.

B **Would you like the meal or just the burger?**
세트로 드릴까요, 아니면 그냥 버거만 하시겠어요?

· **Is this for here or to go?**
여기서 드실 건가요, 아니면 포장인가요?

· **Can I get some extra ketchup?**
케첩 좀 더 주시겠어요?

> **Tips** 우리나라에서의 '세트메뉴'는 보통 meal이라고 부릅니다. meal은 '한끼 식사'라는 의미도 있죠.

3. 커피숍

A **Can I have a tall Coffee of the Day?**
톨 사이즈로 오늘의 커피 주시겠어요?

B **Sure. Anything else?**
네. 다른 필요하신 것 없으세요?

· **Your total comes out to $4.35.**
총 4달러 35센트입니다.

· **Would you like a muffin or a cookie to go with your coffee?**
커피와 함께 머핀이나 쿠키가 필요하세요?

 '오늘의 커피'는 Today's Coffee라고 하기 보다는 Coffee of the Day라고 합니다.

4. 피자 주문

A **I'd like a large pan pepperoni.**
팬피자 페퍼로니 라지 사이즈 한 판 주세요.

B **Is this for delivery or pick-up?**
배달주문이신가요, 찾아가실 건가요?

· **I want half cheese half mushrooms, please.**
반은 치즈, 반은 버섯 토핑으로 해주세요.

· **I have a dollar off coupon.**
제게 1달러 할인쿠폰이 있어요.

 포장 주문은 takeout이라고도 합니다. 그리고 배달주문을 하는 경우에는 배달직원에게 팁을 주는 것이 보통입니다.

total 총액   go with ~와 어울리다, ~와 맞다   delivery 배달

Speaking Practice

문장을 여러 번 반복해 읽으면서 따라 하면 더 오랫동안 머릿속에 남고 자신도 모르게 말문이 터집니다.

1. 다음 문장을 듣고 □에 횟수를 체크해가며 큰 소리로 따라 해보세요. **MP3 03-06-06**

① He doesn't know what to order. □ □ □ □ □
② Can I get you anything to drink? □ □ □ □ □
③ Would you like the meal or just the burger? □ □ □ □ □
④ Can I have a tall Mocha? □ □ □ □ □
⑤ I want half cheese half pepperoni. □ □ □ □ □

2. 다음 문장을 듣고 빈칸을 채우며 말해보세요. **MP3 03-06-07**

① 너무 부담되지 않는 요리로 추천해주실 수 있나요?
→ Could you recommend a dish that is not too _____?

② 디저트 드실 분 계신가요? → Is anyone _____ _____ for dessert?

③ 여기서 드실 건가요, 포장하실 건가요? → Is this _____ _____ or to go?

④ 총 4달러 35센트입니다. → Your total comes _____ to $4.35.

⑤ 제게 1달러 할인쿠폰이 있습니다. → I have a dollar _____ coupon.

3. 다음 대화문 중 A의 말을 듣고 적절히 답해보세요. **MP3 03-06-08**

① A: Can I get some extra ketchup? 케첩을 좀 더 주실 수 있나요?
B: _____.

② A: Would you like a muffin with your coffee? 커피와 함께 드실 머핀이 필요하세요?
B: _____.

③ A: Is this for delivery or pick-up? 배달주문이신가요, 찾아가실 건가요?
B: _____.

① 그는 무엇을 주문해야 할지 몰라요.

② 마실 것을 주문하시겠어요?

③ 세트메뉴로 하시겠어요, 버거만 드릴까요?

④ 톨 사이즈 모카 주세요.

⑤ 반은 치즈, 반은 페퍼로니로 주세요.

---

① heavy   '(음식의) 양이 많은, 부담이 되는'이라는 표현은 heavy로 표현합니다.

② saving room   '공간을 남겨두다'를 save room으로 나타냅니다.

③ for here   dine in이라고도 합니다.

④ out   '총액이 얼마이다'라는 의미로 come out을 사용하죠.

⑤ off   '~만큼 할인'이라고 할 때 off를 씁니다.

---

① Sure. How many packets? /
Oh, ketchup is at the condiment stand.

물론이죠. 몇 봉지 필요하세요? / 오, 케첩은 양념 선반에 있습니다.

케첩을 더 줄 수 있는지 묻는 질문입니다. packet은 '작은 봉지'라는 뜻입니다. condiment stand는 패스트푸드점에서 쉽게 볼 수 있는 케첩이나 겨자, 소금, 후추 등을 한 곳에 모아놓은 선반입니다.

② Yes, I'd like a blueberry muffin. / No, thank you.

네, 블루베리 머핀 하나 주세요. / 아니요, 괜찮습니다.

Muffin의 [f] 발음 주의하세요.

③ For delivery. / I'll pick it up.

배달주문입니다. / 가지러 갈 겁니다.

I'll pick it up.은 '내가 매장에서 픽업하겠다.'라는 의미입니다.

Unit 07 At a movie theater
영화관에서

Unit 07 At a movie theater

영화관에서

Dialogue MP3 03-07-01

Frank is at a movie theater. He wants to see an action movie. Luckily, there's one playing tonight. 프랭크가 영화관에 왔습니다. 그는 액션영화를 보고 싶어 하네요. 운이 좋게도 오늘 상영하는 액션영화가 하나 있습니다.

Frank One for *Transformer* at 6, please. '트랜스포머' 6시 표 한 장 주세요.

Box office The 6 o'clock show has been sold out. Would you like to see the next one at 8:30?
6시 영화는 매진되었는데요. 8시 30분에 다음 것을 보시겠어요?

Frank Sure. How much is it? 그러죠. 얼마인가요?

 Tips 영화를 볼 때는 동사 see로 표현합니다. 스크린이 커서 눈을 뜨면 나에게 '보이기' 때문이죠. TV나 컴퓨터 화면으로 영화를 볼 때는 주의를 기울여야 하기 때문에 watch를 사용합니다.
A : **Do you see a movie tonight?** 너 오늘밤 영화 보니?
B : **Sure. Do you know what's playing?** 응, 너 뭘 상영하는지 아니?

Vocab
movie theater 영화관   luckily 운 좋게도   play 상영하다
be sold out 매진된   rate 등급을 매기다   concession stand 매점

Useful Expressions

1. 등급 MP3 03-07-02

A **Let's see "*Enough is Enough*".**
"Enough is Enough"를 보자.

B **But it's rated "R". We can't go by ourselves.**
그 영화 R등급인걸. 우리끼리는 못 가.

· **It's a good family movie. It's rated "PG".**
이 영화는 좋은 가족영화입니다. PG 등급이고요.

· **I sometimes take my son to "PG13" movies.**
저는 가끔 아들을 데리고 PG13 등급 영화를 보러 갑니다.

> **Tips** PG(Parental Guidance) 등급은 연령 제한이 없는 등급입니다. PG13 등급은 13세 미만이 보지 못하도록 부모가 주의해야 하는 등급이고, R(Restricted) 등급은 17세 미만이 보려면 보호자가 함께 입장해야 하는 등급입니다.

2. 매점 MP3 03-07-03

A **I'd like a large popcorn and a medium drink, please.**
라지 사이즈 팝콘하고 미디엄 사이즈 음료수 주세요.

B **Sure, that will be $5.75, please.**
네, 5달러 75센트입니다.

· **Would you like anything from the concession stand?**
매점에서 뭐 사다 줄 것 없어?

· **Can I get some butter and salt for the popcorn?**
팝콘에 넣을 버터와 소금 좀 주시겠어요?

> **Tips** 미국 영화관에서는 원하는 음료수를 선택해 컵에 채울 수 있는 기계(fountain machine)가 있는 경우가 있습니다. 그런 곳에서는 주문할 때 음료수 이름을 말하지 않고 그냥 drink를 달라고 하면 됩니다.

3. 자리 잡기

A **Do you want to sit up front?**
앞자리에 앉고 싶으세요?

B **I do. Would that be OK with you?**
저는 그런데. 괜찮으시겠어요?

· **Let's sit in the back.**
우리 뒷자리에 앉자.

· **Is anybody sitting here?**
여기 자리 있어요?

> **Tips** 외국의 영화관은 좌석 지정제가 아닌 경우가 있습니다. 선착순으로 입장해서 원하는 자리에 앉으면 된다는 말이죠!

4. 영화 종류

A **I'd like to see a comedy.**
저는 코미디 영화를 보고 싶어요.

B **OK, there's a Jim Carrey movie playing right now.**
좋아요. 지금 짐 캐리 영화를 하는 게 있어요.

· **It's a girlie movie.**
이 영화는 여자들 영화야.

· **It was a tearjerker.**
그 영화는 눈물 짜게 하는 영화였어요.

> **Tips** 여자들이 좋아하는 영화는 a chick flick이라고도 합니다. 또 슬픈 영화는 그냥 a sad movie라고 할 수도 있습니다.

in the back 뒤에   tearjerker 눈물 짜게 하는 영화

Speaking Practice

문장을 여러 번 반복해 읽으면서 따라 하면 더 오랫동안 머릿속에 남고 자신도 모르게 말문이 터집니다.

1. 다음 문장을 듣고 □에 횟수를 체크해가며 큰 소리로 따라 해보세요. 　MP3 03-07-06

① He wants to see an action movie.　□ □ □ □ □
② It's a good family movie.　□ □ □ □ □
③ Can I get some salt for the popcorn?　□ □ □ □ □
④ Would that be OK with you?　□ □ □ □ □
⑤ It's a girlie movie.　□ □ □ □ □

2. 다음 문장을 듣고 빈칸을 채우며 말해보세요. 　MP3 03-07-07

① 여섯 시 영화는 매진되었습니다.
　→ The 6 o'clock show has been _____ _____.

② 저는 가끔 아들을 데리고 PG13 등급 영화를 보러 갑니다.
　→ I sometimes _____ my son to "PG13" movies.

③ 라지 사이즈 팝콘하고 미디엄 사이즈 음료 하나 주세요.
　→ I'd like a large popcorn and a medium _____, please.

④ 뒤에 앉자. → Let's sit in the _____.

⑤ 눈물 짜게 하는 영화였어. → It was a _____.

3. 다음 대화문 중 A의 말을 듣고 적절히 답해보세요. 　MP3 03-07-08

① A: Would you like anything from the concession stand?
　　매점에서 뭐 사올 거 없어?

　B: _____.

② A: Do you want to sit up front? 앞쪽에 앉고 싶으세요?

　B: _____.

③ A: Is anybody sitting here? 여기 자리 있나요?

　B: _____.

① 그는 액션영화를 보고 싶어해요.
② 그것은 좋은 가족 영화입니다.
③ 팝콘에 넣게 소금 좀 주시겠어요?
④ 당신은 괜찮으시겠어요?
⑤ 그것은 여자들이 좋아하는 영화야.

---

① sold out   '매진된'이라는 표현은 sold out으로 합니다.
② take   '데리고 가다'를 take로 나타냅니다.
③ drink   drink는 '음료수'라는 의미로 쓰입니다.
④ back   '뒤에 앉다'라는 의미로 sit in the back을 사용하죠.
⑤ tearjerker   '눈물을 짜게 하는 슬픈 영화'를 tearjerker로 표현합니다.

---

① **Sure. Could you get a large Coke for me? / No, thank you.**
응, 라지 사이즈 콜라 하나 사다 줄래? / 아니, 고마워.

매점에서 사다 주길 바라는 물건이 있는지 묻는 문장입니다. 사다 달라고 할 때 반드시 buy를 쓸 필요는 없습니다.

② **Yes, but how about you? / No, not really.**
네, 당신은 어때요? / 아니요, 별로요.

How about you?는 '당신은 어떤데요?'라는 의미입니다.

③ **No, you can sit here. / Yes, sorry.**
아니요, 여기 앉아도 됩니다. / 네, 죄송합니다.

You can sit here.는 '여기 앉아도 됩니다.'라는 뜻입니다.

Unit 08 At a post office
우체국에서

Unit 08 At a post office
우체국에서

Dialogue MP3 03-08-01

Frank is at a post office. He needs to send a document to his boss. He is wondering how long it's going to take. 프랭크가 우체국에 왔습니다. 상사에게 서류를 하나 보내야 하거든요. 그는 서류가 도착하는 데 얼마나 걸릴지 궁금합니다.

Frank   How long will it take to get there?
도착하려면 얼마나 걸릴까요?

Post office   It should take about a week.
1주일 정도 걸릴 겁니다.

Frank   OK... Is there a way for it to get there quicker?
그렇군요… 더 빨리 도착하는 방법이 있나요?

> **Tips** 미국 우체국에서는 우리 나라처럼 번호표를 받고 기다리는 것이 아니라 줄을 서서 순서를 기다립니다. 은행도 마찬가지입니다.
> A : Excuse me, but are you in line? 실례합니다. 혹시 줄 서계신 건가요?
> B : No, sorry. Go ahead. 아닙니다. 죄송합니다. 앞으로 가시죠.

Vocab
document 서류   quicker 더 빠른   in line 줄을 선
via ~를 통해서, ~의 방법으로   the cheapest 가장 싼

Useful Expressions

1. 요금

A **How much is it to send this first class?**
이걸 일반우편으로 보내려면 얼마인가요?

B **That would be 44 cents.**
44센트입니다.

· **If you send it via Priority Mail, it will cost more.**
빠른우편으로 보내시면 요금이 더 듭니다.

· **It's the cheapest way to send it.**
이게 가장 저렴하게 보내시는 방법입니다.

 Tips 미국에서는 일반우편을 First Class, 빠른우편을 Priority Mail이라고 부릅니다. 빠른우편으로 보내 달라는 말을 따로 하지 않으면 기본적으로 일반우편으로 보내겠다는 뜻으로 이해합니다.

2. 소포

A **I'd like this package marked "fragile," please.**
이 소포에 '취급주의'라고 표시하고 싶습니다.

B **What's the content of this box?**
상자 내용물이 뭔가요?

· **Is there anything fragile or liquid in this package?**
소포 안에 깨지기 쉬운 물건이나 액체가 들어있나요?

· **Can I ship this box by boat?**
이 상자를 배편으로 보낼 수 있나요?

 Tips 소포를 항공우편으로 보낼 때는 via airmail, 배편으로 보낼 때는 by boat라고 할 수 있습니다. 배로 보내면 싸지만 대신 오래 걸리죠.

3. 부가서비스

A Do you want to add Delivery Confirmation?
배달 확인 서비스를 추가하시겠어요?

B I do. How much would that be?
네. 얼마인가요?

· I'd like to send this through registered mail.
등기로 보내고 싶습니다.

· I want to buy insurance for this package.
이 소포를 보험에 들고 싶습니다.

 Delivery Confirmation은 우편물이 배달되었을 때 이를 바코드로 인식해서 보낸 사람이 인터넷으로 배달을 확인할 수 있도록 하는 서비스입니다.

4. 주소 변경

A I need to change my address.
주소를 변경해야 하는데요.

B OK, there's a change of address form over there.
네, 저쪽에 주소변경 신청서가 있습니다.

· How long is the mail going to be forwarded?
우편물이 새 주소로 얼마나 오랫동안 전달되나요?

· Catalogues are not going to be forwarded.
카탈로그는 전송되지 않습니다.

 이사를 가거나 주소가 변경된 경우 우체국에 주소변경 신청을 하면 이전 주소로 배달되던 우편물이 새 주소로 전송(forward)됩니다.

Vocab

registered mail 등기우편   insurance 보험   form 양식, 신청서

Speaking Practice

문장을 여러 번 반복해 읽으면서 따라 하면 더 오랫동안 머릿속에 남고 자신도 모르게 말문이 터집니다.

1. 다음 문장을 듣고 □에 횟수를 체크해가며 큰 소리로 따라 해보세요. MP3 03-08-06

① He needs to send a document to his boss. ☐ ☐ ☐ ☐ ☐
② It's the cheapest way to send it. ☐ ☐ ☐ ☐ ☐
③ I'd like this package marked "fragile," please. ☐ ☐ ☐ ☐ ☐
④ I'd like to send this through registered mail. ☐ ☐ ☐ ☐ ☐
⑤ I need to change my address. ☐ ☐ ☐ ☐ ☐

2. 다음 문장을 듣고 빈칸을 채우며 말해보세요. MP3 03-08-07

① 줄 서신 건가요? → Are you _____ _____?

② 빠른우편으로 보내시면 비용이 더 듭니다.
   → If you send it via Priority Mail, it will _____ _____.

③ 이 상자를 배편으로 보낼 수 있나요?
   → Can I ship this box _____ _____?

④ 이 소포를 보험에 들고 싶습니다.
   → I want to buy _____ for this package.

⑤ 카탈로그는 전송되지 않아요. → Catalogues are not going to be _____.

3. 다음 대화문 중 A의 말을 듣고 적절히 답해보세요. MP3 03-08-08

① A: Is there anything fragile or liquid in this package?
   소포 안에 깨지기 쉬운 물건이나 액체가 들어있나요?

   B: _____.

② A: Do you want to add Delivery Confirmation? 배달 확인 서비스를 추가하시겠어요?

   B: _____.

③ A: How long is the mail going to be forwarded?
   우편물이 새 주소로 얼마나 오랫동안 전달되나요?

   B: _____.

① 그는 상사에게 서류를 보내야 합니다.

② 이것이 가장 싸게 보낼 수 있는 방법입니다.

③ 이 소포에 '취급주의'라고 표시하고 싶습니다.

④ 이것을 등기로 보내고 싶습니다.

⑤ 주소를 변경해야 합니다.

① **in line**　'줄을 선'이라는 표현은 in line으로 합니다.

② **cost more**　'비용이 더 들다'를 cost more로 나타냅니다.

③ **by boat**　by boat는 '배편으로'라는 뜻입니다.

④ **insurance**　'보험'이라는 의미로 insurance를 사용하죠.

⑤ **forwarded**　'전송하다'를 forward라는 단어로 표현합니다.

① **No, nothing. / Yes, it's a picture frame.**
아니요, 아무것도요. / 네, 이것은 사진 액자입니다.

깨지기 쉬운 물건이나 액체를 보내는 것인지 묻는 질문입니다. picture frame은 '사진 액자'입니다.

② **Yes, please. / No, thank you.**
네, 부탁합니다. / 아니요, 감사합니다.

'없어도 괜찮다'라는 표현은 No로만 말할 것이 아니라 No, thank you.로 말하는 연습이 필요합니다.

③ **For a year. / For six months, starting on the day you pick.**
1년입니다. / 고객님이 지정하는 날짜로부터 6개월입니다.

the day you pick은 '당신이 지정하시는 날짜'라는 의미입니다.

Unit 09 At the mall
쇼핑몰에서

Unit 09

At the mall
쇼핑몰에서

🧊 Dialogue 🎧 MP3 03-09-01

Frank is at the mall. He needs to get a new dress shirt. He tries on different shirts. 프랭크가 쇼핑몰에 왔습니다. 와이셔츠를 한 벌 새로 사야 하거든요. 그는 여러 가지 셔츠를 입어봅니다.

Frank Do you have this one in light blue?
이 셔츠 하늘색도 있나요?

Sales clerk I think so. Let me look for you.
있을 거예요. 찾아보겠습니다.

Frank Oh, and this one in extra large, please?
아, 그리고 이것은 엑스트라 라지 사이즈로 부탁합니다.

> **Tips** 미국에서는 옷을 살 때 입어보고 사는 것이 당연하게 여겨집니다. 하지만 탈의실(fitting room)에 한 번에 가지고 들어갈 수 있는 옷의 개수는 제한되어 있는 경우도 있습니다.
> **A**: Excuse me, but can I try these on? 실례합니다만, 이것 입어봐도 될까요?
> **B**: Of course. You can take 5 items at a time, though.
> 물론이죠. 하지만 한 번에 5벌까지만 가능합니다.

Vocab
mall 쇼핑몰   dress shirt 와이셔츠   look for ~을 찾다
try on 입어보다   item 품목   remote 리모컨

186 Chapter 03. 여러 가지 상황

Useful Expressions

1. 신발

MP3 03-09-02

A **How can I help you, sir?**
무엇을 도와드릴까요?

B **I'm looking for running shoes.**
운동화를 보려고요.

· **How do they feel?**
착용감이 어떠세요?

· **I'd like to see some of your slip-ons.**
슬리퍼를 좀 보고 싶은데요.

running shoes는 달리기용 운동화이고, 편하게 걷기 위한 운동화는 walking shoes라고 부릅니다. 또 slip-ons는 신발 끈 없이 바로 발을 집어넣어 신을 수 있는 신발로 보통 슬리퍼를 칭합니다.

2. 전자제품

MP3 03-09-03

A **I'm looking for a big screen TV, please.**
대형 TV를 사려고 하는데요.

B **I have a lot over here. Flat screen, right?**
이쪽에 많습니다. 평면 TV를 원하시죠?

· **Let's pick up some DVDs while we're here.**
여기 온 김에 DVD도 몇 개 사가자.

· **I want to buy a universal remote.**
만능리모컨을 하나 사고 싶은데요.

pick up은 '물건을 사다'라는 의미도 있습니다. 그리고 universal remote는 TV, DVD 플레이어 등을 리모컨 하나로 작동할 수 있는 만능리모컨입니다.

Unit 09. At the mall

3. 홈쇼핑

A **Call within the next 5 minutes and we'll add another knife!**
5분 안에 전화주시면 칼 한 자루를 더 드립니다!

B **I'm going to order right now!**
바로 주문해야겠다!

· **This is a limited-time offer.**
이 시간에만 구입할 수 있습니다.

· **Nobody can beat this price!**
아무도 이보다 더 싸게 팔지 않습니다!

 홈쇼핑 채널이 아니더라도 통신 판매 광고를 하는 경우에는 이를 infomercial이라고 부릅니다. information(정보)과 commercial(광고)의 합성어죠.

4. 장 보기

A **I forgot to bring my grocery list.**
장 볼 물품 목록을 깜박 잊고 안 가져왔어.

B **Oh, that's OK. I think I know what we need.**
아, 괜찮아. 뭐가 필요한지 내가 알 것 같아.

· **We should get a cart.**
카트를 가져와야겠어.

· **I'll meet you at the dairy section.**
유제품 코너에서 만나자.

 장을 보는 것은 grocery shopping이라고 합니다. 미국의 grocery store는 우리나라의 마트처럼 넓은 경우가 많아서 함께 장보러 간 사람과 본의 아니게 헤어지게 되는 경우도 있습니다.

Vocab

beat (경쟁해서) 이기다   cart (쇼핑) 카트   dairy 유제품의

Speaking Practice

문장을 여러 번 반복해 읽으면서 따라 하면 더 오랫동안 머릿속에 남고 자신도 모르게 말문이 터집니다.

1. 다음 문장을 듣고 □에 횟수를 체크해가며 큰 소리로 따라 해보세요. MP3 03-09-06

① He needs to get a new dress shirt. □□□□
② I'm looking for running shoes. □□□□
③ Let's pick up some DVDs. □□□□
④ This is a limited-time offer. □□□□
⑤ We should get a cart. □□□□

2. 다음 문장을 듣고 빈칸을 채우며 말해보세요. MP3 03-09-07

① 그는 여러 가지 셔츠를 입어 봅니다. → He _____ _____ different shirts.
② 슬리퍼를 좀 보고 싶은데요. → I'd like to see some of your _____.
③ 만능리모컨 하나 사고 싶어요. → I want to buy a _____ remote.
④ 이것이 최저 가격입니다! → Nobody can _____ this price!
⑤ 유제품 코너에서 만나자. → I'll meet you at the _____ section.

3. 다음 대화문 중 A의 말을 듣고 적절히 답해보세요. MP3 03-09-08

① A: Do you have this one in light blue? 이것 하늘색도 있나요?
  B: _____.

② A: How can I help you? 어떻게 도와드릴까요?
  B: _____.

③ A: How do those shoes feel? 그 신발 착용감이 어떠세요?
  B: _____.

Unit 09. At the mall

① 그는 새 와이셔츠를 한 벌 사야 합니다.

② 운동화를 사려고 합니다.

③ DVD 몇 개 사자.

④ 이 시간에만 구입할 수 있습니다.

⑤ 카트를 가져와야겠어요.

---

① **tries on**　'(옷이나 신발 등을) 입어/신어보다'라는 표현은 try on을 사용합니다.

② **slip-ons**　'끈을 풀지 않고 신을 수 있는 신발'이라는 의미입니다.

③ **universal**　universal은 원래 '보편적인'이라는 뜻입니다.

④ **beat**　'이기다'라는 의미로 beat를 사용하죠.

⑤ **dairy**　'유제품 코너'를 dairy section으로 표현합니다. '일기'의 diary와 철자가 비슷하니 주의하세요.

---

① **No, we don't. / Yes, it does come in light blue.**
아니요, 없습니다. / 네, 이 제품은 하늘색으로 나옵니다.

같은 제품의 다른 색상이 있는지 묻는 질문입니다. come in light blue는 '하늘색도 생산된다'라는 어감입니다.

② **I'm looking for some cologne for my boyfriend. / I need to get some jeans.**
남자친구를 위한 향수를 보고 있어요. / 청바지를 좀 사려고요.

cologne은 '남성용 향수'입니다. 여성용 향수는 perfume이라고 합니다.

③ **They are comfortable. / They feel tight.**
편하네요. / 너무 꽉 끼는데요.

They feel tight.은 '신발이 꽉 끼네요.'라는 뜻입니다.

Unit 10 At a doctor's office
병원에서

Unit 10

At a doctor's office

병원에서

🧊 Dialogue 🔊 MP3 03-10-01

Frank is at a doctor's office. He has a bad cold. The receptionist asks him for his insurance card. 프랭크가 병원에 왔습니다. 감기가 심하거든요. 접수 직원이 프랭크에게 보험증을 달라고 합니다.

Frank I forgot to bring it. 잊어버리고 안 가져왔는데요.

Receptionist I can still check you in. Can I have your name?
그래도 접수해 드릴 수 있어요. 성함이 어떻게 되시죠?

Frank It's Frank Smith. 프랭크 스미스입니다.

> **Tips** 미국에는 여러 가지 건강보험이 존재합니다. 그런데 자신이 선택한 건강보험에서 허용하는 병원에서만 진료를 받을 수 있고, 다른 병원에 가면 보험혜택을 받을 수 없습니다.
>
> A: Excuse me, but do you take ESE Insurance?
> 실례합니다. ESE 보험 적용 되나요?
>
> B: I'm afraid not. But Dr. Oh next door does.
> 죄송하지만 안 됩니다. 하지만 옆방에 오 선생님은 됩니다.

Vocab

doctor's office 의원 cold 감기 receptionist 접수 직원
insurance card 보험증 forget 잊다 pulse 맥박

Useful Expressions

1. 증상

🎵 MP3 03-10-02

A **What seems to be the trouble?**
어디가 불편하세요?

B **I have trouble breathing.**
숨쉬기가 힘들어요.

· **I have a splitting headache.**
머리가 깨질 것 같아요.

· **I feel dizzy and nauseous.**
어지럽고 속이 메스꺼워요.

 What seems to be the trouble?은 What seems to be the problem? 또는 What kind of symptoms do you have? '어떤 증상이 있나요?' 등으로 표현하기도 합니다.

2. 검사

🎵 MP3 03-10-03

A **I'm here for a blood test.**
혈액 검사를 받으려고 왔습니다.

B **OK, did you fast for 12 hours?**
네, 12시간 동안 금식하셨나요?

· **You need a urine test.**
소변 검사가 필요합니다.

· **I'm going to take your pulse now.**
이제 맥박을 재겠습니다.

 blood test는 blood work라고 해도 됩니다. 위의 fast는 여기서 '빠른'이라는 의미가 아니고, '금식하다'라는 동사로 쓰였습니다.

Unit 10. At a doctor's office

3. 알레르기

A **Are you allergic to any medicine?**
약에 알레르기가 있으신가요?

B **I'm allergic to penicillin.**
페니실린 알레르기가 있습니다.

· **I'm allergic to dust.**
저는 먼지 알레르기가 있습니다.

· **I have a severe allergy to nuts.**
저는 견과류 알레르기가 심합니다.

 '~에 알레르기 증상이 있다'라는 표현은 be allergic to~를 사용합니다. 병원에 가면 약 알레르기가 있는지 물어보거나 환자기록카드에 기입하도록 되어있습니다.

4. 응급상황

A **911, what's the nature of your emergency?**
911입니다. 어떤 응급상황인가요?

B **I need an ambulance right away!**
구급차 좀 바로 불러주세요!

· **The emergency room is right around that corner.**
저 모퉁이만 돌면 응급실입니다.

· **He fainted while exercising.**
그가 운동하다가 실신했어요.

 미국에서 응급상황이 발생하면 911에 전화를 합니다. 미국의 911 서비스는 의료, 범죄, 화재의 세 가지 분야를 모두 총괄하기 때문에 What's the nature of your emergency? '어떤 응급상황인가요?'라고 물어보는 것입니다.

Vocab

allergy 알레르기   nut 견과류   faint 기절하다

Speaking Practice

문장을 여러 번 반복해 읽으면서 따라 하면 더 오랫동안 머릿속에 남고 자신도 모르게 말문이 터집니다.

1. 다음 문장을 듣고 □에 횟수를 체크해가며 큰 소리로 따라 해보세요. MP3 03-10-06

① He has a bad cold. □□□□□
② I have a splitting headache. □□□□□
③ I'm going to take your pulse now. □□□□□
④ I'm allergic to dust. □□□□□
⑤ The emergency room is right around that corner. □□□□□

2. 다음 문장을 듣고 빈칸을 채우며 말해보세요. MP3 03-10-07

① 프랭크는 병원에 왔습니다. → Frank is at a doctor's _____.
② 어지럽고 속이 메스꺼워요. → I feel _____ and nauseous.
③ 소변검사를 해야 합니다. → You need a _____ _____.
④ 저는 견과류 알레르기가 심합니다. → I have a _____ allergy to nuts.
⑤ 그는 운동하다가 기절했습니다. → He _____ while exercising.

3. 다음 대화문 중 A의 말을 듣고 적절히 답해보세요. MP3 03-10-08

① A: Did you fast for 12 hours? 12시간 동안 금식하셨나요?
   B: _____.

② A: Are you allergic to any medicine? 약에 알레르기 있으신가요?
   B: _____.

③ A: What's the nature of your emergency? 어떤 응급상황인가요?
   B: _____.

1
① 그는 감기가 심해요.
② 머리가 깨질 듯 아파요.
③ 이제 맥박을 재겠습니다.
④ 저는 먼지 알레르기가 있습니다.
⑤ 저 모퉁이만 돌면 응급실이 있어요.

2
① office — '의원, 병원'을 doctor's office라고 합니다.
② dizzy — dizzy는 '어지러운'이라는 의미의 형용사입니다.
③ urine test — urine test는 '소변검사'라는 뜻입니다.
④ severe — '심한'이라는 의미로 severe를 쓰죠.
⑤ fainted — faint는 '기절하다'라는 의미의 동사입니다.

3
① No, I had breakfast. / Yes, I did.
아니요, 아침을 먹었어요. / 네, 금식했습니다.
지난 12시간 동안 금식을 했는지를 묻는 질문입니다.

② I'm allergic to some painkillers. /
No, I don't have any allergies.
저는 몇 가지 진통제에 알레르기가 있습니다. / 아니요, 저는 알레르기가 없습니다.
painkiller는 '진통제'입니다. pain medication이라고도 합니다.

③ I need to report a car accident. / There's a fire!
교통사고를 신고하려 합니다. / 불이 났어요!
report a car accident는 '교통사고를 신고하다'라는 의미입니다.

196 Chapter 03. 여러 가지 상황

Chapter 04 감정과 의견

- **Unit 01** Congratulations! 기쁨과 축하
- **Unit 02** I'm sorry to hear that. 슬픔과 위로
- **Unit 03** He has an anger problem. 불평과 불만
- **Unit 04** I feel depressed. 우울과 짜증
- **Unit 05** What a great movie! 감탄
- **Unit 06** I agree. 동의
- **Unit 07** I don't think that's a good idea. 반대
- **Unit 08** Can I ask you a favor? 부탁
- **Unit 09** Go ahead. 허가
- **Unit 10** Be positive. 긍정적인 생각

Unit 01 Congratulations!
기쁨과 축하

Unit 01 **Congratulations!**

기쁨과 축하

🎲 Dialogue 🔊 MP3 04-01-01

It is Ava's birthday today. She is having dinner with Frank. They are happy to see each other. 오늘은 에이바의 생일입니다. 프랭크와 함께 저녁을 먹고 있네요. 둘이 서로 만나서 기뻐하는군요.

Frank Happy birthday, Ava! Here, this is for you.
생일 축하해요, 에이바! 자, 당신을 위해 준비했어요.

Ava Thank you. A bath and body set! Smells good.
고마워요. 바디용품 세트네요! 향기가 좋아요.

Frank I'm glad you like it.
마음에 들어서 다행이네요.

> **Tips** 미국에서는 생일을 맞은 사람이 식사비를 내는 것이 아니라 주위 사람들이나 친구들이 주인공을 위해 파티를 열어 줍니다. 승진을 한 경우에도 마찬가지입니다.
> A : Surprise! 놀랐지!
> B : Oh, I didn't expect this. Thank you, guys! 오, 생각지도 못했는데, 고마워요, 여러분!

Vocab

have dinner with ~와 함께 저녁을 먹다   **be happy to** ~해서 기쁘다   **Surprise!** 놀랐지!
expect 기대하다, 예상하다   **appreciate** 감사하다

Useful Expressions

1. 오랜만에 만났을 때

A **We haven't seen each other in years!**
우리 이게 몇 년만이야!

B **I know! I'm so happy to see you.**
그러게! 얼굴 보니 좋네.

· **Long time no see!**
오랜만이에요!

· **It's been a long time since I saw you.**
너를 본 지 오래됐구나.

> **Tips** We haven't seen each other in years!는 I haven't seen you in ages! 또는 We haven't seen each other for a long time!이라고도 합니다.

2. 감사를 표현할 때

A **Congratulations on your wedding! This is from both of us.**
결혼 축하해요! 이거 우리 둘이 산 거예요.

B **Oh, thank you so much! It's so pretty.**
아, 정말 감사합니다! 아주 예쁘네요.

· **I appreciate your help.**
도와주셔서 감사합니다.

· **I'm grateful to have a family like mine.**
우리 가족이 있어서 감사해요.

> **Tips** Congratulations on your wedding!이라는 말 뒤에 I'm so happy for you (two).와 같은 문장을 덧붙이기도 합니다.

3. 승진

A **I heard you got a promotion! That's great.**
  승진하셨다면서요! 잘 됐네요.

B **Thanks. I'm happy, too.**
  고마워요. 저도 기뻐요.

· **You deserve this promotion.**
  당신은 이번에 승진할 자격이 있어요.

· **Congratulations on your promotion! Let me treat you to lunch sometime.**
  승진을 축하합니다! 제가 언제 점심 한 번 살게요.

> **Tips** '승진하다'는 get promoted, be promoted와 같은 형태로 쓰기도 합니다. 그리고 Congratulations. 대신 That's great.이라는 문장을 사용하기도 해요.

4. 졸업

A **I can't believe my son is graduating. I'm so proud of you!**
  우리 아들이 졸업을 하다니 믿을 수가 없구나. 네가 자랑스럽다!

B **Thanks, Mom. And thanks for the gift, too!**
  고마워요, 엄마. 그리고 선물도 감사하고요!

· **I got emotional at my daughter's high school graduation.**
  제 딸 고등학교 졸업식에서 감정이 북받쳐 올랐어요.

· **He left for college on Sunday.**
  그는 일요일에 집을 떠나 대학교에 갔어요.

> **Tips** 미국에서는 고등학교와 대학교 졸업이 정말 큰 행사입니다. 특히 고등학교를 졸업하면 부모님의 곁을 떠나 대학교 기숙사나 학교 동네로 이사를 가는 경우가 많죠.

deserve ~할 자격이 있다   treat 한 턱 내다   emotional 감정적인

Speaking Practice

문장을 여러 번 반복해 읽으면서 따라 하면 더 오랫동안 머릿속에 남고 자신도 모르게 말문이 터집니다.

1. 다음 문장을 듣고 ☐에 횟수를 체크해가며 큰 소리로 따라 해보세요. 🎧 MP3 04-01-06

① It is Ava's birthday today. ☐☐☐☐☐
② We haven't seen each other in years! ☐☐☐☐☐
③ Congratulations on your wedding! ☐☐☐☐☐
④ Let me treat you to lunch sometime. ☐☐☐☐☐
⑤ I got emotional at my daughter's graduation. ☐☐☐☐☐

2. 다음 문장을 듣고 빈칸을 채우며 말해보세요. 🎧 MP3 04-01-07

① 그녀는 프랭크와 저녁을 먹고 있습니다.
  → She is _____ dinner with Frank.
② 너를 본 지 오래됐구나. → It's been a long time _____ I saw you.
③ 도와주셔서 감사합니다. → I _____ your help.
④ 승진을 축하합니다! → Congratulations on your _____!
⑤ 그는 일요일에 대학교로 떠났습니다.
  → He _____ _____ college on Sunday.

3. 다음 대화문 중 A의 말을 듣고 적절히 답해보세요. 🎧 MP3 04-01-08

① A: Were you happy to see him again? 그를 다시 만나 반가웠니?
  B: _____.

② A: What did you get for their wedding? 그들의 결혼식에 뭘 사줬니?
  B: _____.

③ A: When is he graduating? 그가 언제 졸업하지?
  B: _____.

1
① 오늘은 에이바의 생일입니다.
② 우리 몇 년 동안 못 봤네!
③ 결혼을 축하합니다!
④ 언제 점심 한 번 살게요.
⑤ 딸 졸업식에서 감정이 북받쳐 올랐어요.

2
① having — '먹다'를 have로 표현하기도 합니다.
② since — '~이래로'라는 의미의 단어입니다.
③ appreciate — appreciate은 '감사하다'라는 뜻입니다.
④ promotion — '승진'이라는 의미로 promotion을 사용하죠.
⑤ left for — '~를 향해 떠나다'를 leave for로 표현합니다.

3
① **Of course! / Yes. He hasn't changed a bit.**
당연하지! / 응, 그는 조금도 변하지 않았어.

그를 만나서 기뻤는지 묻는 질문입니다. He hasn't changed a bit.은 '그는 하나도 안 변했다'라는 의미입니다.

② **I got a plates set. / I bought a wine rack for them.**
접시 세트를 줬어. / 와인진열대를 사줬어.

plates set은 '접시 세트'라는 의미이며, wine rack은 '와인병을 꽂을 수 있는 진열대'입니다.

③ **In a month. / He's finishing college next year.**
한 달 후에. / 그는 내년에 졸업을 해.

in a month는 '한 달 후에'라는 의미입니다.

Unit 02 I'm sorry to hear that.
슬픔과 위로

Unit 02
I'm sorry to hear that.

슬픔과 위로

Dialogue MP3 04-02-01

Ava's grandfather has passed away. Her family and friends have come to the funeral service. Frank consoles Ava. 에이바의 할아버지께서 돌아가셨습니다. 가족과 친구들이 장례식에 왔네요. 프랭크가 에이바를 위로합니다.

Frank I'm so sorry about your loss, Ava.
할아버지가 돌아가셨다니 정말 안됐어요, 에이바.

Ava Thank you. I'm sorry, too. But I'll be OK.
고마워요. 나도 슬프지만, 괜찮아질 거예요.

Frank I'm glad you are holding up OK.
견뎌낼 수 있다니 다행이에요.

> **Tips** 미국에서는 장례식에서 조의금을 받지 않습니다. 결혼식에서도 축의금을 받지 않죠. 또 장례식에서는 관을 열어 고인의 모습을 사람들이 볼 수 있도록 합니다.
> **A :** He looks natural. 그의 모습이 자연스러워 보이네요.
> **B :** Oh, I know. May he rest in peace. 아, 그러네요. 평화롭게 잠들기를.

Vocab
pass away 돌아가시다   funeral service 장례식   console 위로하다
loss 손실, 잃은 것   hold up (어려운 상황을) 견뎌내다   in shock 충격을 받은

Useful Expressions

1. 헤어질 때　　　　　　　　　　　　　　　　　　　　MP3 04-02-02

A We are sorry to see you go!
네가 간다니 우리는 슬퍼!

B I know! I'm going to miss you all.
그러게요! 다들 보고 싶을 거예요.

· We'll never forget you.
우리는 너를 잊지 못할 거야.

· You'll be missed a lot.
네가 많이 보고 싶을 거야.

 We are sorry to see you go!에서 볼 수 있는 것처럼, sorry는 '미안한'이라는 뜻으로만 쓰이는 것이 아니라, '유감스러운, 안타까운, 애석한'의 의미로도 쓰입니다.

2. 안 좋은 소식　　　　　　　　　　　　　　　　　　MP3 04-02-03

A Charlie told me your brother is sick. I'm so sorry to hear that.
네 남동생이 아프다고 찰리가 말해줬어. 정말 유감이야.

B Thank you. He'll get better soon, I'm sure.
고마워. 금방 회복할 거라고 나는 확신해.

· I feel sorry about what happened.
그런 일이 생겨서 마음이 아프네요.

· I'm still in shock.
난 아직도 충격이 가시지 않았어.

 I'm (so) sorry to hear that.이라는 말은 '그 말을 들어서 참 슬프네요.'와 같은 뜻입니다.

3. 위로

A **Let me know if there's anything I can do to help.**
제가 도울 일이 있으면 언제든지 말씀하세요.

B **Thanks. That means a lot.**
고마워요. 너무 안심이 되는 말이에요.

· **I'll be there for you.**
내가 네 곁에 있어줄게.

· **It will all be good. I'll help you get through this, too.**
다 잘 될 거야. 네가 이번 일을 헤쳐나갈 수 있게 나도 도와줄게.

 Tips Let me know if there's anything I can do to help.는 너무 자주 쓰이다 보니 빈말인 것처럼 들리는 경우도 있습니다. 진심 어린 말이라는 것을 상대방이 느끼도록 옳은 상황에 진심을 담아 말하도록 합니다.

4. 위로를 청하는 말

A **Bob is hospitalized again. Please keep him in your thoughts and prayers.**
밥이 다시 입원을 했어요. 항상 생각하고 기도해주세요.

B **I will. Hope he'll get well soon.**
그럴게요. 빨리 회복했으면 좋겠네요.

· **If you send her a get-well-soon message, it'll make her happy.**
당신이 그녀에게 빠른 쾌차를 바란다는 메시지를 보내주면 기분 좋아할 거예요.

· **Why don't we visit him in the hospital?**
그의 병원으로 우리가 문병을 갈까요?

 Tips '입원했다'고 할 때는 He's in the hospital.이라고 하거나 He's been admitted (to a hospital). 라고 표현합니다.

Vocab

get through 통과하다, 견뎌내다   get well 회복하다

Speaking Practice

문장을 여러 번 반복해 읽으면서 따라 하면 더 오랫동안 머릿속에 남고 자신도 모르게 말문이 터집니다.

1. 다음 문장을 듣고 □에 횟수를 체크해가며 큰 소리로 따라 해보세요. MP3 04-02-06

① I'm glad you are holding up OK. □ □ □ □
② We'll never forget you. □ □ □ □
③ I feel sorry about what happened. □ □ □ □
④ It will all be good. □ □ □ □
⑤ I hope he'll get well soon. □ □ □ □

2. 다음 문장을 듣고 빈칸을 채우며 말해보세요. MP3 04-02-07

① 에이바의 할아버지께서 돌아가셨습니다.
→ Ava's grandfather has _____ _____.
② 네가 많이 보고 싶을 거야. → You'll be _____ a lot.
③ 나는 아직도 충격에 휩싸였어. → I'm still _____ shock.
④ 이번 일 견딜 수 있도록 내가 도와줄게.
→ I'll help you get _____ this.
⑤ 네가 그녀에게 쾌차를 바라는 메시지를 보내면 그녀가 좋아할 거야.
→ If you send her a get-well-soon message, it'll _____ her happy.

3. 다음 대화문 중 A의 말을 듣고 적절히 답해보세요. MP3 04-02-08

① A: How are you holding up? 어떻게 견디고 계신가요?
B: _____.

② A: Is there anything I can do to help? 제가 도울 일이 있나요?
B: _____.

③ A: Why don't we visit him in the hospital? 우리가 그의 병원으로 병문안 갈까요?
B: _____.

1
① 잘 견디고 있으니 다행이네요.
② 우리는 너를 절대 못 잊을 거야.
③ 그런 일이 일어나서 마음이 아프네요.
④ 다 잘 될 거예요.
⑤ 그가 빨리 회복했으면 좋겠네요.

2
① passed away '돌아가시다'라는 표현은 pass away로 합니다.
② missed '보고 싶어하다'라는 뜻으로 miss를 사용합니다.
③ in in shock은 '충격을 받은'이라는 뜻입니다.
④ through '견뎌내다'라는 의미로 get through를 쓰죠.
⑤ make '~를 ~하게 느끼게 하다'라고 할 때 동사 make를 씁니다.

3
① I'm holding up OK. / I'm sad, but I'll be OK.
잘 견디고 있어요. / 슬퍼요. 하지만 괜찮아질 거예요.

상대방이 슬프거나 힘든 일을 어떻게 견디고 있는지 질문하는 문장입니다. I'm holding up OK.는 '견딜 만해요.'라는 의미입니다.

② No, but thank you. / I'd appreciate if you could check on how my mom is doing.
없어요, 고마워요. / 저희 어머니가 어떠신지 봐주시면 감사하겠어요.

check on how my mom is doing은 '어머니가 어떻게 지내고 있는지 가서 보다'라는 의미입니다.

③ That's a good idea. / Yeah, let's do that.
좋은 생각이네요. / 네, 그렇게 합시다.

That's a good idea.는 '좋은 생각이다.'라는 의미입니다.

Unit 03
He has an anger problem.
불평과 불만

Unit 03
He has an anger problem.
불평과 불만

🎲 Dialogue 🔊 MP3 04-03-01

Ava is talking to her co-worker Brian. She complains about her boss. Ava doesn't like the fact that her boss has a short temper. 에이바는 동료 브라이언과 이야기를 나누고 있습니다. 상사에 대한 불만을 얘기하네요. 에이바는 상사가 화를 잘 낸다는 사실이 마음에 들지 않습니다.

Brian I agree. He's got an anger problem.
동감이에요. 그는 화를 너무 잘 내요.

Ava He also thinks he's better than everybody.
그리고 그는 자기가 제일 잘났다고 생각하잖아요.

Brian Well, just be careful around him. 음, 상사 앞에서 그저 조심하세요.

> **Tips** anger problem은 anger issue라고도 합니다. 화를 잘 내는 성격이 거의 '문제' 수준인 사람에게 쓰는 말입니다.
> A : He's got an anger issue. 그는 화를 너무 잘 내요.
> B : I know. He needs to go to an anger management class.
> 알아요. 그는 분노 다스리기 수업에 가볼 필요가 있어요.

Vocab
co-worker 동료　　complain 불평하다　　have a short temper 쉽게 화를 내다
anger problem 화를 잘 내는 문제　　chipped 이가 빠진

🟦 Useful Expressions

1. 성격에 대한 불만

🎧 MP3 04-03-02

A William is so selfish.
월리엄은 정말 이기적이야.

B I know! I can't stand him.
그러게요! 참을 수가 없어요.

· She's an arrogant person.
그녀는 오만한 사람이야.

· He always wants to be the center of the attention.
그는 언제나 사람들의 관심을 받고 싶어해요.

 selfish는 self(자기 자신)를 형용사로 만든 것입니다. 반대말은 selfless로, '자기가 없다'는 어감이라 '이타적인'이라는 뜻입니다.

2. 제품에 대한 불만

🎧 MP3 04-03-03

A My notebook keeps turning off by itself.
제 노트북이 자꾸 저절로 꺼져요.

B OK. We'll take a look at it.
알겠습니다. 저희가 봐드릴게요.

· This pizza tastes funny.
이 피자는 맛이 좀 이상해요.

· This glass is chipped.
이 유리잔은 이가 빠졌네요.

 keep ~ing 표현은 '계속해서 ~하다'라는 의미입니다. 또한 음식에 대해 taste funny라고 하면 맛이 '이상하다'라는 뜻입니다.

3. 서비스에 대한 불만

A I placed an order three weeks ago and haven't received the product yet!
3주 전에 주문했는데 제품을 아직도 못 받았어요!

B We apologize. There must have been a mistake.
사과 드립니다. 분명 착오가 있었던 것 같습니다.

· One of your servers is not very friendly.
이곳 직원 중에 좀 불친절한 사람이 한 명 있네요.

· I was here first. How come I'm not being helped?
제가 먼저 왔는데 왜 저는 도와주지 않는 거죠?

 Tips place an order는 order something이라는 표현과 같은 뜻이지만, 주문한 물건이 무엇인지 밝히지 않고 쓸 수 있는 표현입니다.

4. 동료와 상사

A Bob is hard to work with.
밥은 함께 일하기 힘든 사람이야.

B I hear you. He's a "Glass is half empty" guy.
무슨 말인지 알아. 부정적인 사람이지.

· My boss is so stubborn.
우리 상사는 쇠고집이야.

· I can't work with her. She's so disorganized.
그녀와 함께 일 못하겠어. 도무지 정리를 안 하는 사람이라.

 Tips 어떤 상사 밑에서 일하기 힘들다는 표현은 He/She is hard to work for.라고도 합니다. The glass is half empty.라고 하면 '물이 반 정도 채워진 잔을 보고 "반 밖에 안 남았네."라고 말하는 부정적인 사람'이라는 뜻입니다. 반대로 "반이나 남았네."라고 하는 긍정적인 사람에 대해서는 The glass is half full.이라고 표현합니다.

Vocab
place an order 주문하다   being helped 도움을 받고 있는   disorganized 정리가 안 된

Speaking Practice

문장을 여러 번 반복해 읽으면서 따라 하면 더 오랫동안 머릿속에 남고 자신도 모르게 말문이 터집니다.

1. 다음 문장을 듣고 □에 횟수를 체크해가며 큰 소리로 따라 해보세요. **MP3 04-03-06**

① He thinks he's better than everybody. □ □ □ □
② I can't stand him. □ □ □ □
③ This pizza tastes funny. □ □ □ □
④ There must have been a mistake. □ □ □ □
⑤ Bob is hard to work with. □ □ □ □

2. 다음 문장을 듣고 빈칸을 채우며 말해보세요. **MP3 04-03-07**

① 그녀의 상사는 화를 잘 냅니다. → Her boss has a _____ temper.
② 그녀는 거만한 사람입니다. → She's an _____ person.
③ 이 유리잔은 이가 빠졌어요. → This glass is _____.
④ 어째서 저는 도와주지 않는 거죠?
   → How come I'm not _____ _____?
⑤ 우리 상사는 고집이 너무 세. → My boss is so _____.

3. 다음 대화문 중 A의 말을 듣고 적절히 답해보세요. **MP3 04-03-08**

① A: Why does my laptop keep turning off? 왜 제 노트북이 계속 꺼지나요?

B: _____.

② A: I ordered my food 30 minutes ago. Where is it?
   제 음식을 30분 전에 시켰습니다. 어디에 있죠?

B: _____.

③ A: Why do you say you can't work with Tammy?
   태미와 함께 일할 수 없다고 말하는 이유가 뭐죠?

B: _____.

Unit 03. **He has an anger problem.**

① 그는 모든 이들보다 자신이 더 잘났다고 생각해요.
② 나는 그를 참을 수가 없어요.
③ 이 피자 맛이 이상해요.
④ 분명 착오가 있었나 봅니다.
⑤ 밥과 함께 일하는 것은 힘들어요.

---

① **short**   '화를 잘 내다'라는 표현은 have a short temper라고 합니다.
② **arrogant**   '거만한'이라는 뜻으로 arrogant를 사용합니다.
③ **chipped**   chipped는 '이가 빠진'이라는 뜻입니다.
④ **being helped**   '도움을 받고 있는'이라는 의미로 being helped가 쓰였습니다.
⑤ **stubborn**   '고집이 센'이라고 할 때 stubborn을 씁니다.

---

① **I think it's a battery problem. / I can't say for sure, but I'll take a look.**

배터리에 문제가 있는 것 같네요. / 확실하게 말씀드릴 수는 없지만, 제가 한번 볼게요.

노트북이 왜 자꾸 꺼지는지 묻는 질문입니다. I can't say for sure.는 '확실히 말씀드릴 수는 없어요.'라는 뜻입니다.

② **I'm sorry about the delay. / It's coming right up.**

늦어져서 죄송합니다. / 지금 바로 준비됩니다.

coming right up은 '바로 준비됩니다.'라는 의미입니다.

③ **Because she's so full of herself. / It's because she's very stubborn.**

왜냐하면 그녀는 항상 잘난 척을 해요. / 그녀 고집이 너무 세기 때문이에요.

She's so full of herself.는 '그녀는 늘 잘난 척을 해요.'라는 뜻입니다.

Unit 04
I feel depressed.
우울과 짜증

Unit 04

I feel depressed.

우울과 짜증

🎲 Dialogue MP3 04-04-01

Ava got yelled at by her boss today for missing a deadline. She thinks the boss is overreacting. Ava is frustrated. 에이바는 오늘 시한을 넘겼다는 이유로 상사에게 혼이 났습니다. 상사가 지나친 반응을 보인다고 생각하네요. 에이바는 답답한 심정입니다.

Ava He always gets mad at me even for small things. I feel depressed. 그는 별것 아닌 일에도 항상 내게 화를 내요. 난 그래서 우울해요.

Brian Maybe he feels overwhelmed by all the work he has to do. 할 일이 너무 많아서 감당을 못해 그러는 게 아닐까요?

Ava Then he should reduce his workload. 그러면 일을 줄여야죠.

> **Tips** get yelled at은 누군가의 소리지름의 대상이 되었다는 어감으로, '야단맞다, 혼나다'라는 의미로 쓰는 말입니다.
> A : **He got yelled at by the teacher today.** 그는 오늘 선생님으로부터 혼이 났어.
> B : **I know. Everybody heard about that.** 알아, 모두 들었어.

Vocab
yell at ~에게 소리를 지르다   miss a deadline 시한을 넘기다
be frustrated 답답한, 짜증나는   get mad at ~에게 화를 내다
not in the mood for ~할 기분이 아닌   get on one's nevrves ~의 신경이 거슬리다

Useful Expressions

1. 우울할 때

A **We lost the game. I'm bummed out.**
우리가 경기에서 졌어. 우울해.

B **Oh, you guys will do better next time.**
아, 다음에는 더 잘 할 거야.

· **She's down.**
그녀는 시무룩한 표정이야.

· **He says he's not in the mood for a movie.**
그는 영화 볼 기분이 아니래.

be bummed out은 '우울한, 불쾌한' 등의 의미로 depressed와 뜻이 비슷한 구어체 표현입니다. 또 다른 비슷한 의미의 표현으로는 down in the dumps가 있습니다.

2. 짜증이 날 때

A **I keep gaining weight. It's so frustrating!**
나 자꾸 살이 쪄. 너무 짜증나!

B **Why don't you start working out?**
운동을 시작하지 그래?

· **He never answers his phone. It's so irritating.**
그는 절대 전화를 안 받아. 정말 짜증난다니까.

· **She gets on my nerves.**
그 여자 때문에 신경이 거슬려.

frustrate은 원래 '좌절감을 느끼게 하다'라는 의미입니다. frustrating이라고 하면 어떤 상황이 나로 하여금 짜증나게 한다는 뜻이고, frustrated라고 하면 내가 짜증을 느낀다는 어감입니다.

3. 화가 날 때

A **My boyfriend was 30 minutes late today. I'm still upset.**
내 남자친구가 오늘 30분 늦게 왔어. 아직도 화가 나.

B **I don't think you should be mad at him for that.**
그런 일로 그에게 화를 내서는 안 된다고 생각하는데..

· **My father got angry when I took his car.**
내가 아버지 차를 가져가자 아버지는 화가 많이 나셨어요.

· **She hit the ceiling when he lied to her.**
그가 거짓말을 하자 그녀는 화가 머리 끝까지 치솟았어요.

 Tips upset은 '뒤집힌'이라는 의미입니다. I have an upset stomach.라고 하면 '나 체했어.'라는 의미가 됩니다.

4. 질투가 날 때

A **Bob got a promotion and I didn't.**
밥은 승진했는데 나는 안 됐어.

B **Are you jealous of him?**
그를 질투하는 거니?

· **I envy you for getting that job.**
거기 취직했다니 네가 부럽다.

· **My boyfriend is talking to another girl. I feel jealous.**
남자친구가 다른 여자와 이야기하고 있어. 질투 나네.

 Tips 질투한다는 표현은 be jealous of로 합니다. 다른 사람이 부러워서 어쩔 줄 모를 때는 be green with envy라는 표현을 쓰기도 합니다.

Vocab
hit the ceiling 천장을 치다. 즉 화가 머리끝까지 치솟다

Speaking Practice

문장을 여러 번 반복해 읽으면서 따라 하면 더 오랫동안 머릿속에 남고 자신도 모르게 말문이 터집니다.

1. 다음 문장을 듣고 □에 횟수를 체크해가며 큰 소리로 따라 해보세요. 🔊 MP3 04-04-06

① Ava is frustrated. ☐ ☐ ☐ ☐
② I'm bummed out. ☐ ☐ ☐ ☐
③ It's so irritating. ☐ ☐ ☐ ☐
④ I'm still upset. ☐ ☐ ☐ ☐
⑤ I envy you for getting that job. ☐ ☐ ☐ ☐

2. 다음 문장을 듣고 빈칸을 채우며 말해보세요. 🔊 MP3 04-04-07

① 그녀는 야단을 맞았어요. → Ava got _____ at.
② 그는 영화를 볼 기분이 아니야. → He's not in the _____ for a movie.
③ 그 여자 때문에 신경질 나. → She gets on my _____.
④ 그녀는 화가 머리 끝까지 났어요. → She hit the _____.
⑤ 나는 질투가 나. → I feel _____.

3. 다음 대화문 중 A의 말을 듣고 적절히 답해보세요. 🔊 MP3 04-04-08

① A: Why does he always get mad at me? 그는 왜 항상 내게 화를 내죠?

B: _____.

② A: Why don't you start working out? 운동을 시작하지 그래요?

B: _____.

③ A: Are you jealous of him? 당신 그를 질투하나요?

B: _____.

① 에이바는 답답한 심정이야.
② 나는 우울한 기분이야.
③ 정말 짜증 난다.
④ 난 아직도 화가 났어.
⑤ 거기 취직했다니 네가 부러워.

① **yelled**   누군가에게 '소리를 지르다'라는 표현은 yell at somebody로 합니다.
② **mood**   '기분'이라는 뜻으로 mood를 사용해요.
③ **nerves**   nerves가 '신경'이라는 뜻입니다.
④ **ceiling**   '화가 머리 끝까지 나다'를 hit the ceiling이라고 하죠.
⑤ **jealous**   '질투를 느끼는'이라고 할 때 형용사 jealous를 씁니다.

① **I think it's because he's stressed out. / He has a short temper.**
내 생각에 그가 스트레스를 많이 받았기 때문인 것 같아요. / 그는 성미가 급해서 그래요.

왜 그 사람이 자신에게 화를 내는지를 묻는 문장입니다. He's stressed out.은 '그는 스트레스를 받고 있다.'라는 의미입니다.

② **Maybe I should. / I'm too lazy to exercise.**
아마 그래야 할 것 같아요. / 운동하기엔 제가 너무 게을러요.

too lazy to exercise는 '너무 게을러서 운동을 안 하는'이라는 의미입니다.

③ **Yes, because he's so perfect. / No, I'm not.**
네, 그는 너무 완벽하니까요. / 아니, 안 해요.

He's so perfect.는 '그 사람은 정말 완벽해요.'라는 의미입니다.

Unit 05 What a great movie!
감탄

Unit 05

What a great movie!
감탄

Dialogue MP3 04-05-01

Brian takes Ava to a movie to make her feel better. They see a comedy together. Ava likes the movie. 브라이언은 에이바의 기분을 풀어주려고 영화관에 데리고 갑니다. 함께 코미디 영화를 보네요. 에이바는 그 영화가 마음에 듭니다.

Ava What a great movie! The entire film was hilarious.
정말 멋진 영화에요! 처음부터 끝까지 그렇게 웃기다니.

Brian I know. I love Jim Carrey movies!
그러게요. 짐 캐리 영화들은 정말 재미있어요!

Ava Yeah, he's so talented.
그래요. 그는 재능 있는 배우에요.

> **Tips** take somebody to는 '누군가를 ~에 데리고 가다'라는 의미입니다. 따라서 I took my son to a ball game.이라고 하면 '아들을 야구장에 데리고 갔다.'라는 뜻이 됩니다.
> A : He took his girlfriend to a nice restaurant. 그는 여자친구를 근사한 레스토랑에 데려갔어.
> B : He did? Did she like it? 그래? 그녀가 좋아했니?

Vocab
feel better 기분이 나아지다   entire 전체의   hilarious 아주 웃긴
talented 재능이 있는   proud 자랑스러운   process 처리하다

⬡ Useful Expressions

1. 생각보다 쉬운 일

A I installed the software by myself. It was easy!
소프트웨어 나 혼자 설치했어. 쉽던데!

B Oh, I'm so proud of you.
오, 난 네가 자랑스러워.

· Downloading the file was easier than I thought.
그 파일 다운받는 것 생각보다 쉽더라.

· I didn't think I could finish a 5km race, but I did!
내가 5km 달리기를 완주 못할 줄 알았는데, 해냈어!

install은 '설치하다'라는 의미이며, by oneself는 '스스로'라는 의미의 표현입니다.

2. 기대를 저버리지 않은 일

A His new single totally lives up to my expectations!
그의 새로운 싱글(앨범)은 나의 기대를 전혀 저버리지 않았어!

B Really? Can I take a listen?
그래? 나도 들어봐도 될까?

· He always exceeds his boss's expectations.
그는 항상 상사의 기대치를 넘어선다니까.

· They processed my order faster than I expected.
그들이 내 주문을 기대보다 빨리 처리해줬어.

live up to one's expectations는 '~의 기대를 저버리지 않다'라는 표현입니다. 부정문 형태로 not live up to one's expectations '~의 기대에 못 미치다'도 자주 쓰입니다.

3. 사람이 많은 장소

A Let's go to Fred's Tavern after work.
일 끝나고 프레즈 태번에 갑시다.

B I was there last night and it was so crowded!
어제 저녁에 갔더니 사람이 아주 많던데요!

· My favorite restaurant is always full of customers.
내가 제일 좋아하는 레스토랑은 언제나 손님들로 붐벼요.

· The subway was packed full of people.
지하철은 콩나물시루 같았어요.

> **Tips** tavern은 '술집'이라는 뜻이며, after work라고 하면 '퇴근 후에'라는 의미가 됩니다.

4. 감탄사

A Gosh! I keep getting this error message.
아이! 계속 이 에러 메시지가 뜨네.

B Try restarting your computer.
컴퓨터를 다시 시작해봐.

· Oh, my gosh! I love your new hairdo!
어머! 네 새 헤어스타일 아주 맘에 든다!

· LOL! That's the funniest joke I've ever heard.
하하하! 들어본 중 가장 재미있는 이야기야.

> **Tips** LOL은 laughing out loud의 약자로 채팅을 할 때 많이 사용합니다. 채팅 약어로는 TTYL (Talk to you later), BRB (Be right back) 등도 있습니다.

Vocab
packed full of ~로 꽉 들어찬   hairdo 헤어스타일

Speaking Practice

문장을 여러 번 반복해 읽으면서 따라 하면 더 오랫동안 머릿속에 남고 자신도 모르게 말문이 터집니다.

1. 다음 문장을 듣고 □에 횟수를 체크해가며 큰 소리로 따라 해보세요. 🎧 MP3 04-05-06

① What a great movie! ☐☐☐☐☐
② It was easier than I thought. ☐☐☐☐☐
③ He always exceeds his boss's expectations. ☐☐☐☐☐
④ The restaurant is always full of customers. ☐☐☐☐☐
⑤ I love your new hairdo! ☐☐☐☐☐

2. 다음 문장을 듣고 빈칸을 채우며 말해보세요. 🎧 MP3 04-05-07

① 영화가 처음부터 끝까지 너무 웃겼어요. → The entire film was _____.
② 나는 혼자서 그 소프트웨어를 설치했어요.
   → I installed the software _____ _____.
③ 그들은 내 주문을 기대보다 빨리 처리해주었어요.
   → They processed my order _____ than I expected.
④ 지하철에는 발 디딜 틈이 없었어요.
   → The subway was _____ full of people.
⑤ 내가 들어본 가장 웃기는 농담이다.
   → That's the _____ joke I've ever heard.

3. 다음 대화문 중 A의 말을 듣고 적절히 답해보세요. 🎧 MP3 04-05-08

① A: What did you think of the movie? 영화가 어땠나요?
   B: _____.

② A: Was there any problem installing the software?
   소프트웨어 설치하는 데 무슨 문제는 없었나요?
   B: _____.

③ A: Can I take a listen to the song? 내가 그 노래를 들어봐도 될까?
   B: _____.

① 아주 멋진 영화였어요!

② 내가 생각했던 것보다 쉬웠어요.

③ 그는 항상 상사의 기대치를 넘어섭니다.

④ 그 식당은 항상 손님으로 붐벼요.

⑤ 너의 새로운 헤어스타일 정말 맘에 들어!

---

① **hilarious**   hilarious는 '아주 웃기는'이라는 의미의 형용사입니다.

② **by myself**   '스스로'라는 뜻으로 by oneself를 사용합니다.

③ **faster**   faster는 '더 빠르게'라는 뜻입니다.

④ **packed**   '빈 공간 없이 꽉꽉 들어찬'을 packed라고 표현하죠.

⑤ **funniest**   '가장 웃기는'이라고 할 때 the funniest를 씁니다.

---

① **It was one of the funniest movies I've ever seen. / What a wonderful movie!**

내가 본 가장 웃긴 영화 중 하나에요. / 아주 멋진 영화였어요!

영화에 대해 어떻게 생각하는지 묻는 문장입니다. one of the funniest movies I've ever seen은 '내가 본 가장 재미있는 영화 중 하나'라는 의미입니다.

② **Not at all. / No, it was much easier than I thought!**

전혀 없었어요. / 아니요, 생각보다 훨씬 쉬웠어요!

Not at all.은 '전혀 아니다.'라는 의미입니다.

③ **Yes, go ahead. / Sure, I think you'll like it.**

응, 들어봐. / 그럼, 너도 좋아할 거야.

Go ahead.는 '어서 ~해봐'라는 의미입니다.

Unit 06 I agree.
동의

Unit 06

I agree.

동의

🎲 Dialogue MP3 04-06-01

Brian is taking Ava home after the movie. But his car suddenly stops. Ava notices the car is out of gas. 영화가 끝나고 브라이언은 에이바를 집에 데려다 줍니다. 그런데 그의 자동차가 갑자기 서버리네요. 에이바는 차에 기름이 없다는 것을 알게 됩니다.

Ava We should look for a gas station around here.
주변에 주유소가 있는지 찾아봐야겠네요.

Brian I agree. I have a GPS, fortunately.
맞아요. 다행히 내비게이션이 있어요.

Ava Good. I'll punch in "gas station."
잘 됐네요. 내가 '주유소'를 입력해볼게요.

> **Tips** out of는 무엇을 사용하다가 '다 떨어져 버리다'라는 의미로 run out of로도 표현합니다.
> A : Harry says he has run out of money. 해리가 말하길 그는 돈이 다 떨어졌대요.
> B : What? But we gave him $100 at the beginning of the month!
> 뭐라고요? 월초에 100달러를 줬는데도요?

Vocab

suddenly 갑자기	out of ~이 다 떨어진	gas station 주유소
fortunately 운이 좋게도	punch in 입력하다	place an order 주문하다

Useful Expressions

1. I think so, too.

A **Irene cheated on Tom. I think he should break up with her.**
아이린이 탐을 두고 바람을 피웠어. 그가 아이린과 헤어져야 한다고 생각해.

B **Yeah, I think so, too.**
그래, 나도 그렇게 생각해.

· **I think 50,000 won for this book is expensive, too.**
나도 5만 원짜리 책은 비싸다고 생각해.

· **I think we should drive there, too.**
나도 우리가 거기 운전해서 가야 한다고 생각해.

 I think so, too.는 '나도 그렇게 생각해.'라는 뜻의 표현이죠.

2. I agree with you.

A **I think we should open a new store.**
저희가 새로운 매장을 열어야 한다고 생각합니다.

B **I agree with you. Which area would be good?**
나도 동감이네. 어느 지역이 좋을까?

· **I agree with you that I should quit my job.**
내가 일을 그만두어야 한다는 네 말에 나도 동감이야.

· **I think we should place an order soon. Do you agree with me?**
우리가 곧 주문을 해야 할 것 같아. 너도 그렇게 생각하니?

 I agree with you.는 '당신의 말에 나도 동의해요.'라는 의미의 표현입니다. 이때 동의하는 사람 앞에 전치사 with를 쓴다는 것을 기억하세요.

3. I couldn't agree more.

A **Fred is the best employee we have.**
프레드가 우리 회사 최고의 직원입니다.

B **I couldn't agree more.**
그 말에 전적으로 동의합니다.

· **She said the food wasn't good tonight. I couldn't agree more.**
그녀는 오늘 저녁 음식은 맛이 없었다고 말했어요. 나도 전적으로 동감입니다.

· **I couldn't agree more when he said Seoul has changed a lot.**
그가 서울이 많이 변했다고 말했을 때 나는 전적으로 동감했어요.

 I couldn't agree more.라고 하면 '이보다 더 동의할 수 없다', 즉 '전적으로 동감이다'라는 뜻이 됩니다.

4. I feel the same way.

A **I have so much work to do that I feel like crying.**
나 할 일이 너무 많아서 울고 싶어.

B **I feel the same way.**
나도 마찬가지야.

· **You don't like his way of working? I feel the same way.**
너 그가 일하는 방식이 마음에 안 들어? 나도 그래.

· **I like him. I hope he feels the same way about me, too.**
나 그를 좋아해. 그도 나에 대해 같은 감정이었으면 좋겠어.

 I feel the same way.는 '나도 같은 방식으로 느낀다.', 즉 '나도 마찬가지다.'라는 의미로 동의의 표현입니다.

Vocab

employee 직원   feel like ~하고 싶다

Speaking Practice

문장을 여러 번 반복해 읽으면서 따라 하면 더 오랫동안 머릿속에 남고 자신도 모르게 말문이 터집니다.

1. 다음 문장을 듣고 □에 횟수를 체크해가며 큰 소리로 따라 해보세요. MP3 04-06-06

① The car is out of gas! □□□□□
② I think he should break up with her. □□□□□
③ We should open a new store. □□□□□
④ I couldn't agree more. □□□□□
⑤ I feel the same way! □□□□□

2. 다음 문장을 듣고 빈칸을 채우며 말해보세요. MP3 04-06-07

① 그의 차가 갑자기 멈췄어요. → His car _____ stopped.
② 나도 우리가 거기 운전해서 가야 한다고 생각해.
   → I _____ we should drive there, _____.
③ 우리는 곧 주문을 해야 해요. → We should _____ an order soon.
④ 우리 직원들 중에는 프레드가 최고입니다.
   → Fred is the best _____ we have.
⑤ 그가 나에 대해서 똑같이 느꼈으면 좋겠어.
   → I hope he feels the _____ way about me, too.

3. 다음 대화문 중 A의 말을 듣고 적절히 답해보세요. MP3 04-06-08

① A: Do you think 50,000 won for this book is expensive?
   이 책이 5만 원이면 비싸다고 생각해요?

   B: _____.

② A: I agree with you that we should move. Which area would be good?
   우리가 이사를 가야 한다는 당신 생각에 동의합니다. 어느 지역이 좋을까요?

   B: _____.

③ A: I think this is his best song so far. Do you agree with me?
   이 곡이 지금까지 그의 노래 중 최고인 것 같아. 너도 같은 생각이니?

   B: _____.

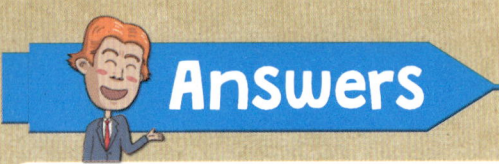

① 차에 기름이 떨어졌어!
② 나는 그가 그녀와 헤어져야 한다고 생각해.
③ 우리는 새 매장을 열어야 합니다.
④ 저도 전적으로 동감입니다.
⑤ 저도 같은 생각입니다!

① **suddenly** '갑자기'라는 표현은 suddenly를 사용합니다.
② **think, too** too는 '~도 또한, 역시'라는 의미입니다.
③ **place** '주문을 하다'는 place an order로 표현합니다.
④ **employee** '직원'을 employee라고 표현하죠.
⑤ **same** '같은 방식으로 느끼다'라고 말할 때 feel the same way를 씁니다.

① **Yes, I do. Don't you think so? /
I think this book is worth 50.000 won.**
네, 그래요. 당신 생각은 안 그런가요? / 아니요, 5만 원 값어치는 있는 것 같아요.

Don't you think so?는 '당신은 그렇게 생각하지 않나요?'라는 의미입니다.

② **Not around here. / How about moving out of the city?**
이 근처는 말고요. / 시내 밖으로 이사하는 건 어때요?

Not around here.는 '이 주위는 말고요.'라는 의미입니다.

③ **Yes, I do. / Actually, I don't. I like "I Love You" more.**
응, 나도 그래. / 사실, 난 아니야. 난 "아이 러브 유"가 더 좋아.

Actually, I don't.는 '사실 너와 같은 생각이 아니야.'라는 의미로 쓰였습니다.

Unit 07
I don't think that's a good idea.
반대

Unit 07

I don't think that's a good idea.

반대

🎲 Dialogue 🎧 MP3 04-07-01

Brian and Ava can't find a close gas station on the GPS. Ava suggests they call a tow truck. Brian doesn't think that's a good idea. 브라이언과 에이바가 내비게이션에서 가까운 주유소를 찾지 못합니다. 에이바가 견인트럭을 부르자고 제안하네요. 브라이언은 별로 좋은 아이디어가 아니라고 생각합니다.

Brian I don't think that's a good idea. It's going to be expensive.
좋은 생각이 아닌 것 같아요. 비쌀 테니까요.

Ava Then what do you think we should do?
그럼 우리가 어떻게 해야 한다고 생각해요?

Brian I think we should ask for directions to the nearest gas station. 제일 가까운 주유소로 가는 길을 물어보면 되죠.

> **Tips** 우리말로는 '나는 좋은 생각이 아니라고 생각한다.'라고 말하지만, 영어로는 I think that's not a good idea.라는 표현보다 I don't think that's a good idea.라는 표현을 주로 사용합니다.
>
> A : I don't think we should give Harry more money.
> 저는 해리에게 돈을 더 줘선 안 된다고 생각해요.
>
> B : But he says he's out! How is he going to live?
> 그렇지만 그는 돈을 다 날렸대요. 앞으로 어떻게 살아가겠어요?

Vocab

close 가까운
ask for directions 길을 묻다
suggest 제안하다
afford ~를 살 경제적 여유가 있다
tow truck 견인트럭

Useful Expressions

1. You could be right, but~

A **I think now is the best time to go on vacation.**
나는 지금이 휴가를 갈 최고의 시기라고 생각해.

B **You could be right, but we don't have money.**
그 말이 맞을 수도 있어. 하지만 우리는 돈이 없는걸.

· **You could be right, but I think it's not his fault.**
당신 말이 맞을 수도 있어요. 하지만 그의 잘못은 아니라고 생각해요.

· **You could be right, but you should also consider this.**
당신 말이 맞을지도 모르지만, 이것도 고려해야 해요.

 You could be right, but~은 '네 말이 맞을 수도 있지만~'이라는 의미의 표현입니다.

2. I don't agree with you 100%.

A **I think we should acquire New Enterprise.**
저는 우리가 뉴엔터프라이즈를 인수해야 한다고 생각합니다.

B **I don't agree with you 100%. What if we form a partnership?**
저는 그 말에 100% 동의하지는 않습니다. 제휴를 하면 어떨까요?

· **You think we can afford a new car? I don't agree 100%.**
우리가 새 차를 살 수 있는 여력이 있다고 생각해요? 나는 100% 동의하지는 않아요.

· **I don't agree with you 100% on his promotion.**
저는 이번에 그를 승진시켜야 한다는 말에 전적으로 동의하지는 않습니다.

 I don't agree with you 100%.는 '네 말에 100% 동의하지는 않아.'라는 의미입니다. 부분적으로만 상대방의 말에 동의하는 어감이죠.

3. I see your point, but~

A Daehan should do the presentation because he speaks good English.
대한 씨가 영어를 잘하니까 발표를 해야 한다고 생각합니다.

B I see your point, but he's not a good public speaker.
그 말도 맞지만, 그는 사람들 앞에서 말을 잘 하지는 못하잖아요.

· I see her point, but she broke the law anyway.
그녀의 입장을 이해 못 하는 건 아니지만, 그녀는 어쨌든 법을 어겼습니다.

· I was against him in the beginning, but now I see his point.
처음에는 그에게 반대했지만, 이제는 그의 말의 요지를 알겠습니다.

 I see your point.라고 하면 '당신의 요지가 보인다.', 즉 '당신이 무슨 말을 하려는지 알겠다.'라는 뜻이 됩니다.

4. I couldn't disagree more.

A The more shoes you have, the happier you become.
구두는 많을수록 행복해지지.

B I couldn't disagree more.
난 전적으로 반대야.

· You thought that was a good game? I couldn't disagree more.
그게 좋은 경기였다고 생각한 거야? 나는 전혀 그렇게 안 보는데.

· You say your sister should stay with us. I couldn't disagree more.
당신 여동생이 우리 집에서 묵어야 한다고? 나는 절대 반대야.

 I couldn't disagree more.는 '그 보다 더 반대할 수는 없다.', 즉 '완전 반대'라는 표현입니다.

Vocab

public speaker 연설자   break the law 법을 어기다   stay with ~와 함께 지내다

Speaking Practice

문장을 여러 번 반복해 읽으면서 따라 하면 더 오랫동안 머릿속에 남고 자신도 모르게 말문이 터집니다.

1. 다음 문장을 듣고 □에 횟수를 체크해가며 큰 소리로 따라 해보세요. 🎧 MP3 04-07-06

① I don't think that's a good idea. ☐☐☐☐☐
② You could be right. ☐☐☐☐☐
③ I don't agree with you 100%. ☐☐☐☐☐
④ I see your point. ☐☐☐☐☐
⑤ I couldn't disagree with you more! ☐☐☐☐☐

2. 다음 문장을 듣고 빈칸을 채우며 말해보세요. 🎧 MP3 04-07-07

① 견인트럭을 부릅시다. → Let's call a _____ _____.
② 그는 남들 앞에서 말을 잘 못해요.
　→ He is not a good _____ _____.
③ 우리는 새 차를 살 수 있는 여력이 있어요. → We can _____ a new car.
④ 그녀는 할 수 있는 한 저축합니다. → She _____ as much as she can.
⑤ 우리는 젊었을 때 휴가를 가야 합니다.
　→ We should go on vacation _____ we're young.

3. 다음 대화문 중 A의 말을 듣고 적절히 답해보세요. 🎧 MP3 04-07-08

① A: What do you think we should do? 우리가 어떻게 해야 한다고 생각하세요?
　B: _____.

② A: What if we form a partnership with them? 그들과 제휴를 하는 건 어떨까요?
　B: _____.

③ A: Did you think that was a good game? 그게 좋은 경기였다고 생각하나요?
　B: _____.

① 별로 좋은 생각이 아닌 것 같아요.
② 당신 말이 맞을지도 몰라요.
③ 당신의 말에 100% 동의하는 건 아닙니다.
④ 당신 말이 무슨 말인지는 알겠어요.
⑤ 저는 전적으로 반대합니다!

① **tow truck**   '견인트럭'을 tow truck이라고 합니다.
② **public speaker**   public은 '대중의'라는 의미입니다.
③ **afford**   afford가 '~를 살 수 있는 여유가 있다'라는 뜻입니다.
④ **saves**   '저축하다'를 save로 표현하죠.
⑤ **while**   '젊은 동안'이라는 어감으로 쓸 때 while we're young이라고 하면 됩니다.

① **I think we should take the subway there. / We should check out a different area.**
지하철을 타는 게 좋겠네요. / 다른 지역을 찾아보는 게 좋겠군요.

어떻게 해야 할지에 대한 상대방의 의견을 묻는 문장입니다. Check out a different area.는 '다른 지역을 알아보다'라는 의미입니다.

② **Not a good idea. / That might work, too.**
좋은 생각이 아닙니다. / 효과가 있을 수도 있겠네요.

That might work.는 '그게 효과가 있을 수도 있겠네요.'라는 의미입니다.

③ **Yes, I did. / Absolutely. Didn't you think so?**
네, 그래요. / 당연하죠. 당신은 그렇지 않나요?

Absolutely는 '당연히', '절대적으로'라는 의미로 쓰는 강한 긍정의 부사입니다.

Unit 08 Can I ask you a favor?
부탁

Unit 08 Can I ask you a favor?

부탁

🎲 Dialogue

Brian is trying to stop a car to ask for directions to a gas station. One person stops for him. Brian asks for directions to the nearest gas station.
브라이언은 주유소로 가는 길을 묻기 위해 지나가는 차를 세우려고 합니다. 한 사람이 차를 세우네요. 브라이언은 가장 가까운 주유소로 가는 길을 물어봅니다.

Driver   The closest one is about an hour away.
가장 가까운 곳에 가려면 한 시간 정도 걸리는데요.

Brian   Really? Then can I ask you a huge favor? Could you drive us there so we can buy gas? 그래요? 그럼 어려운 부탁 하나 드려도 될까요? 저희를 그곳에 데려다 주실 수 있을까요? 가서 기름을 사오려고요.

Driver   Sure, get in. Do you have an empty container for gas?
그러세요, 타시죠. 기름을 담을 빈 통은 있으세요?

> 우리말로는 favor를 '선처'라고 해석하지만 영어로 Can I ask you a favor?라고 하면 '선처를 베풀어주시겠습니까?'가 아니고 '제가 부탁 하나 해도 될까요?'라는 의미가 됩니다.
> **A :** Can I ask you a humongous favor? 제가 큰 부탁을 하나 해도 될까요?
> **B :** Depends on what it is. 무슨 부탁인지에 따라 다르죠.

Vocab
the nearest 가장 가까운   an hour away 한 시간 떨어져 있는   ask a favor 부탁하다
get in (차에) 타다   empty 비어 있는

Useful Expressions

1. Please

A **Please do the dishes, honey.**
설거지 좀 해줘요, 여보.

B **I think it's your turn today.**
오늘은 당신이 당번인 것 같은데.

· **Let me borrow some money, please.**
돈 좀 빌려주세요.

· **Can we please go to the mall?**
우리 쇼핑몰 가면 안 돼요?

 Please는 문장 앞, 중간, 뒤에 붙여서 간단히 부탁의 의미를 나타낼 수 있는 표현입니다.

2. Do me a favor~

A **Do me a favor and finish the report today.**
나 돕는 셈 치고 보고서를 오늘 좀 끝내 주게.

B **I sure will!**
그렇게 하겠습니다!

· **Do me a favor and drive me to work today, please.**
오늘 나를 회사에 좀 데려다 줬으면 좋겠어.

· **Do me a favor and eat your vegetables.**
제발 채소 좀 먹어라.

 Do me a favor는 '나에게 선처를 베풀어라', 즉 '나에게 ~를 해달라'는 뜻입니다. 구어체에서 많이 사용됩니다.

3. ask

 MP3 04-08-04

A Can I ask you to explain this part in more detail?
이 부분을 더 자세히 설명해주실 수 있으세요?

B Of course. Take a look at this graph.
그럼요. 이 그래프를 한 번 보세요.

· I'd like to ask you to please turn off your cell phones.
휴대전화를 꺼주시길 부탁 드립니다.

· You are kindly asked to take your seats now.
이제 착석해주시면 감사하겠습니다.

> **Tips** Ask someone to라고 하면 '~에게 ~해달라고 부탁하다'라는 뜻이 됩니다. Ask someone to 다음에는 동사원형을 씁니다.

4. Could you please~?

 MP3 04-08-05

A Could you please play "Don't worry, be happy?"
"돈 워리, 비 해피"를 틀어주실 수 있나요?

B I'd love to.
기꺼이 틀어드리죠.

· Could you please sit down? I can't see.
앉아 주시겠어요? 안 보여서요.

· Could you please keep it down?
조용히 좀 해주시겠어요?

> **Tips** Could you please~?는 상대방을 높이는 정중한 부탁의 표현입니다.

Vocab

in (more) detail (더) 자세히   take a look at ~을 보다

Speaking Practice

문장을 여러 번 반복해 읽으면서 따라 하면 더 오랫동안 머릿속에 남고 자신도 모르게 말문이 터집니다.

1. 다음 문장을 듣고 □에 횟수를 체크해가며 큰 소리로 따라 해보세요. 🎧 MP3 04-08-06

① Brian is trying to stop a car. □ □ □ □ □
② Please do the dishes. □ □ □ □ □
③ Do me a favor and finish the report. □ □ □ □ □
④ Please turn off your cell phones. □ □ □ □ □
⑤ Could you please sit down? □ □ □ □ □

2. 다음 문장을 듣고 빈칸을 채우며 말해보세요. 🎧 MP3 04-08-07

① 가장 가까운 곳이 한 시간 정도 걸리는데요.
→ The closest one is about an hour _____.

② 저 돈 좀 빌려주세요. → Let me _____ some money, please.

③ 오늘 저를 차로 회사에 좀 데려다 주세요.
→ _____ me to work today, please.

④ 이제 착석해주시기 바랍니다.
→ You are kindly asked to _____ your seats now.

⑤ "돈 워리, 비 해피"를 틀어주실 수 있나요?
→ Could you please _____ "Don't worry, be happy?"

3. 다음 대화문 중 A의 말을 듣고 적절히 답해보세요. 🎧 MP3 04-08-08

① A: Can we please go to the mall? 우리 쇼핑몰에 가면 안 돼요?
B: _____.

② A: Can I ask you to explain this part in more detail?
이 부분에 대해 더 자세히 설명해주실 수 있을까요?
B: _____.

③ A: Could you please keep it down? 좀 조용히 해주시겠어요?
B: _____.

Unit 08. Can I ask you a favor?

① 브라이언은 차를 한 대 세우려고 하고 있어요.

② 설거지 좀 해주세요.

③ 나 좀 도와주는 셈 치고 보고서를 끝내줘.

④ 휴대전화를 꺼주시기 바랍니다.

⑤ 앉아주시겠어요?

① **away** '~만큼 떨어져 있는'이라는 표현은 [시간+away]로 표현합니다.

② **borrow** '빌리다'라는 뜻으로 borrow를 사용합니다. '빌려주다'는 lend입니다.

③ **Drive** drive가 '~를 운전해서 데리고 가다'라는 뜻으로 쓰였습니다.

④ **take** '착석하다'를 take one's seat이라고 표현하죠.

⑤ **play** '음악을 틀다'라는 어감으로 쓸 때 play (a song)이라고 하면 됩니다.

① **I guess we could. / Not now. Maybe we can go on the weekend.**
갈 수 있을 것 같구나. / 지금 말고. 주말에 가도록 하자.

쇼핑몰에 가자고 부탁하는 문장입니다. I guess we could.는 뒤에 go to the mall이 생략되어 있는 문장입니다.

② **Sure. Let's go back to that part. /**
Of course. What exactly did you not understand?
물론이죠. 그 부분을 다시 봅시다. / 물론이죠. 정확히 어떤 부분이 이해가 안 가죠?

Let's go back to that part.는 '그 부분으로 다시 돌아갑시다.'라는 의미입니다.

③ **Yes, I will. / Oh, I'm so sorry. I didn't realize how loud I was.**
네, 그럴게요. / 오, 죄송합니다. 그렇게 시끄러운지 몰랐네요.

I didn't realize how loud I was.는 '제가 얼마나 시끄러운지 깨닫지 못했어요.'라는 의미입니다.

Unit 09 Go ahead.
허가

Unit 09 Go ahead.
허가

Dialogue MP3 04-09-01

Brian's cell phone is dead and Ava didn't bring her phone. Brian tries to borrow a phone. Brian asks the clerk at the gas station if he could use his phone. 브라이언은 휴대전화 배터리가 없고 에이바는 전화기를 가져오지 않았습니다. 브라이언이 전화기를 빌리려고 하네요. 브라이언은 주유소 직원에게 전화기를 써도 되는지 묻습니다.

Brian May I use your phone, please? I just need to make one call. 전화 좀 써도 될까요? 한 통화만 하면 되는데요.

Clerk Go ahead. Oh, you're not making a long distance call, are you? 그러세요. 아, 장거리 전화하시는 건 아니죠?

Brian Actually, it is a long distance call… 사실 장거리 전화 맞는데요…

> **Tips** 우리나라에서는 장거리 전화라도 요금 차이가 없지만 미국처럼 넓은 국가라면 장거리 전화 요금이 굉장히 비쌀 수 있습니다. 장거리 전화를 많이 하는 사람은 그래서 장거리 전화 할인 요금제 등을 이용하죠.
>
> A : What kind of a long distance plan do you have?
> 어떤 종류의 장거리 전화 할인요금제를 쓰시나요?
> B : I pay 2.50 cents per minute nationwide. 전국 어디든 전화 1분에 2달러 50센트를 냅니다.

Vocab
dead (배터리가) 다 닳은　　　make a call 전화하다　　　go ahead 어서 ~하세요
long distance (phone) call 장거리 통화　　retake(=take again) 다시 ~하다

Useful Expressions

1. You're allowed to~

 MP3 04-09-02

A **You're allowed to go home now.**
  이제 집에 가도 좋아.

B **Thank you, Mr. Thomson.**
  감사합니다, 탐슨 선생님.

· **You're allowed to visit the patient only for a short while.**
  환자 면회는 짧게 하셔야 합니다.

· **You're not allowed to smoke here.**
  여기서는 금연입니다.

> **Tips** allow는 원래 '허락하다'라는 의미입니다. 뒤에 to를 함께 쓴다는 것 잊지 마세요.

2. Get a permission~

 MP3 04-09-03

A **I got my mom's permission to go to the movies tonight.**
  오늘 밤 영화 보러 가도 된다고 엄마가 허락하셨어.

B **That's great!**
  잘 됐다!

· **I got a permission to take a longer lunch break today.**
  오늘 점심 오래 먹고 와도 된다는 허락 받았어.

· **My professor gave me a permission to retake the test.**
  재시험을 봐도 된다고 교수님께서 허락하셨어.

> **Tips** permission은 permit(허가하다)의 명사형이죠. t가 ss로 바뀌는 스펠링의 변화도 눈여겨 보세요.

3. I'll let you~

A I'll let you go out with your friends this time.
이번에는 친구들과 외출할 수 있게 허락해주마.

B Oh, thank you so much, Dad!
아, 정말 감사해요, 아빠!

· I'll let you borrow my cell phone just for one day.
하루 동안 내 휴대전화를 쓸 수 있게 해줄게.

· I'll let you watch TV for half an hour.
TV를 30분간 볼 수 있게 해줄게.

 Tips Let someone~이라고 하면 '~가 ~하는 것을 허락하다'라는 뜻이 됩니다. Let someone~ 다음에는 동사원형을 씁니다.

4. You're welcomed to~

A You're welcome to visit us anytime you want.
원하실 때 언제든지 놀러 오세요.

B Thank you. Take care.
고마워요. 안녕히 계세요.

· You're welcome to ask any questions.
어떤 질문이라도 해도 돼요.

· You're welcome to use the Internet here.
여기서 인터넷을 마음껏 쓰세요.

 Tips You're welcome to~는 '얼마든지 ~해도 좋다'라는 의미입니다.

Vocab

half an hour 30분   take care 헤어질 때의 인사말

Speaking Practice

문장을 여러 번 반복해 읽으면서 따라 하면 더 오랫동안 머릿속에 남고 자신도 모르게 말문이 터집니다.

1. 다음 문장을 듣고 □에 횟수를 체크해가며 큰 소리로 따라 해보세요. MP3 04-09-06

① Go ahead. ☐☐☐☐
② You're not allowed to smoke here. ☐☐☐☐
③ I got my mom's permission to go out. ☐☐☐☐
④ I'll let you borrow my cell phone. ☐☐☐☐
⑤ You're welcome to ask any questions. ☐☐☐☐

2. 다음 문장을 듣고 빈칸을 채우며 말해보세요. MP3 04-09-07

① 브라이언의 휴대전화는 배터리가 다 닳았어요. → Brian's cell phone is _____.
② 환자 면회는 잠시 동안만 가능합니다.
　→ You're allowed to visit the patient only for a _____ _____.
③ 교수님께서 재시험을 보도록 허락해주셨어.
　→ My professor gave me a _____ to retake the test.
④ 30분간 TV를 보게 해줄게.
　→ I'll let you watch TV for _____ _____ _____.
⑤ 여기서 인터넷을 얼마든지 쓰세요.
　→ You're _____ to use the Internet here.

3. 다음 대화문 중 A의 말을 듣고 적절히 답해보세요. MP3 04-09-08

① A: May I use your phone, please? 당신의 전화기를 사용해도 될까요?
　B: _____.

② A: May I go home now? 이제 집에 가도 되나요?
　B: _____.

③ A: What kind of a long distance plan do you have?
　　어떤 장거리 할인요금제를 사용하시나요?
　B: _____.

① 어서 그렇게 하세요.

② 이곳에서 흡연하시면 안 됩니다.

③ 외출해도 좋다는 엄마의 허락을 받았어요.

④ 내 휴대전화를 빌려주도록 할게요.

⑤ 어떤 질문이라도 하세요.

---

① **dead**   '배터리가 다 닳은' 상황은 dead로 표현합니다.

② **short while**   '짧은 시간'이라는 뜻으로 short while을 쓰는데, Short period of time이라고도 합니다.

③ **permission**   permission이 '허락, 허가'라는 뜻으로 쓰입니다.

④ **half an hour**   '30분'을 half an hour라고 표현하죠.

⑤ **welcome**   '~하는 것을 얼마든지 환영한다'라는 어감으로 쓸 때 you're welcome~ 표현을 사용합니다.

---

① **Sure, go ahead. / Oh, my battery's dead.**

그럼요, 쓰세요. / 오, 내 배터리도 다 닳았어요.

전화기를 사용해도 되겠느냐는 질문입니다. My battery's dead.라고 해도 배터리가 다 닳아서 없다는 뜻이 됩니다.

② **Yes, you may. / You can, if you finished your homework.**

그래, 가거라. / 숙제를 끝냈다면 가도 좋아.

Yes, you may는 그 뒤에 go home이 생략되어 있습니다.

③ **I get 2 cents a minute anywhere in the country. /
I don't have one.**

전국 어디에나 1분에 2센트를 냅니다. / 아무것도 사용하지 않아요.

첫 번째 문장은 전국 어디에나 1분에 2센트 요금으로 전화를 걸 수 있다는 뜻입니다.

Unit 10 Be positive.
긍정적인 생각

Unit 10

Be positive.
긍정적인 생각

🧊 Dialogue 🔊 MP3 04-10-01

Brian's lost and his GPS doesn't work. He's afraid he won't be able to find Ava's house. Brian apologizes to Ava. 브라이언이 길을 잃었는데 내비게이션이 작동하지 않습니다. 에이바의 집을 못 찾을까봐 걱정하네요. 브라이언은 에이바에게 사과를 합니다.

Brian I'm sorry for everything. I should have listened to you.
모든 게 다 미안해요. 당신 말을 들었어야 하는데.

Ava Don't worry. I'm not mad at you. And be positive! We'll find our way.
걱정 말아요, 화 안 났으니까. 그리고 긍정적으로 생각하라고요! 길을 찾을 수 있을 거예요.

Brian Actually, this area looks familiar to me….
그러고 보니, 여기 눈에 익는데요…

> **Tips** 격려의 말은 영어로 pep talk라고 합니다. 응원의 메시지라는 뜻이죠. Be positive.는 '어려운 일이 닥쳐도 긍정적인 마음가짐을 잃지 말라'는 의미입니다.
> A : Be positive! Everything will be fine. 긍정적으로 생각해! 모든 게 잘 될 거야.
> B : Thank you for the pep talk. 응원해줘서 고마워.

Vocab
be lost 길을 잃은   **not work** 작동하지 않다   **be afraid** ~할까 걱정하다
apologize 사과하다   **should have+과거분사** ~했어야 했다

🟩 Useful Expressions

1. Look on the bright side.

A I broke up with my girlfriend.
나 여자친구와 헤어졌어.

B Look on the bright side! Now you can date other women.
밝은 면을 보라고! 이제 다른 여자들과 데이트할 수 있잖아.

· Look on the bright side and be positive.
밝은 면을 보고 낙관적으로 생각해.

· Always look on the bright side even in a bad situation.
상황이 나빠도 좋게 생각하라고.

Look at the bright side.라고 하면 밝은 쪽을 실제로 쳐다보라는 말이 됩니다. 좋게 생각하라는 추상적인 표현은 Look on the bright side.라고 표현합니다.

2. Don't let it get to you.

A I got yelled at by the boss again.
나 상사에게 또 혼났어.

B Don't let it get to you.
신경 쓰지 마.

· I got stressed about what Andy said. But I decided not to let it get to me.
나 앤디가 한 말 때문에 스트레스 받았어. 하지만 신경 쓰지 않으려고.

· I heard you didn't make the soccer team. But don't let it get to you.
축구팀에 뽑히지 못했다고 들었어. 하지만 너무 괴로워하지 마.

여기서 get to는 '~를 기분 상하게 하다', '~를 괴롭히다' 정도의 뜻으로 보면 됩니다.

3. You have nothing to lose.

A I'll fix you up with one of my friends. Come on, you have nothing to lose!
내 친구와 소개팅 시켜줄게. 밑져야 본전이잖아!

B I guess it's about time to forget about my ex.
옛날 여자친구를 잊을 때가 되긴 했나 보다.

· Just try. You have nothing to lose.
시도나 해 봐. 손해 볼 것 없잖아.

· You have nothing to lose and everything to gain.
득이 되면 되었지 실이 되진 않을 거야.

 You don't have anything to lose. '넌 잃을 게 없다.'의 형태로 쓰기도 합니다.

4. Keep your chin up.

A I've failed my driving test.
나 운전면허 시험에서 떨어졌어.

B Keep your chin up! You'll do better next time.
기운 내! 다음에는 더 잘 할 거야.

· Keep your chin up! It's not the end of the world.
기운 내라고! 세상이 끝난 것도 아닌데.

· Keep your chin up! You can always take the test again.
기운 좀 내! 시험은 언제라도 다시 보면 되지.

 chin은 '턱'이라는 뜻입니다. 그래서 keep your chin up은 '턱을 들고 다녀라' 즉, '기운 내'라는 의미입니다.

Vocab
gain 얻다   end of the world 세상의 종말

Speaking Practice

문장을 여러 번 반복해 읽으면서 따라 하면 더 오랫동안 머릿속에 남고 자신도 모르게 말문이 터집니다.

1. 다음 문장을 듣고 □에 횟수를 체크해가며 큰 소리로 따라 해보세요. **MP3 04-10-06**

① Be positive. □ □ □ □ □
② Look on the bright side. □ □ □ □ □
③ Don't let it get to you. □ □ □ □ □
④ You have nothing to lose. □ □ □ □ □
⑤ Keep your chin up! □ □ □ □ □

2. 다음 문장을 듣고 빈칸을 채우며 말해보세요. **MP3 04-10-07**

① 이 지역이 낯이 익어요. → This area looks _____ to me.
② 나 여자친구와 헤어졌어. → I broke _____ with my girlfriend.
③ 나 상사에게 또 혼났어. → I got _____ at by the boss again.
④ 내 친구 한 명과 소개팅 시켜줄게.
　→ I'll _____ you up with one of my friends.
⑤ 세상이 끝난 것도 아니잖아. → It's not the _____ of the world.

3. 다음 대화문 중 A의 말을 듣고 적절히 답해보세요. **MP3 04-10-08**

① A: Are you lost? 당신 길 잃었나요?
　B: _____.

② A: When did you break up with her? 그녀와 언제 헤어졌어?
　B: _____.

③ A: What did the boss yell at you for? 상사가 당신을 왜 혼냈어요?
　B: _____.

1
① 긍정적으로 생각해요.
② 밝은 면을 보세요.
③ 신경 쓰지 마세요.
④ 밑져야 본전이잖아요.
⑤ 기운 내라고!

2
① **familiar** '낯이 익은'이라는 의미로 familiar를 사용합니다.
② **up** '헤어지다'라는 표현은 break up 뒤에 with를 쓴 다음 헤어진 사람을 더하면 됩니다.
③ **yelled** yell이 '소리지르다', '야단치다'라는 뜻으로 쓰입니다.
④ **fix** '소개팅 시켜주다'를 fix someone up이라고 표현합니다.
⑤ **end** '세상의 끝'이라는 어감으로 end of the world가 쓰였습니다.

3
① **Yes, I don't know where I am. / I think I am.**
네, 제가 어디 있는지 모르겠어요. / 내 생각에 그런 것 같아요.

길을 잃었느냐는 질문입니다. I don't know where I am.은 '여기가 어딘지 모르겠다.'라는 의미입니다.

② **Yesterday. / Last week. I still can't stop thinking about her.**
어제. / 지난주에. 아직도 그녀 생각을 멈출 수가 없어.

I still can't stop thinking about her.는 '아직도 자꾸 그녀 생각이 난다.'라는 의미입니다.

③ **I get yelled at for being late. / I don't have a clue.**
지각하는 것 때문에 혼났어요. / 나도 모르겠어요.

두 번째 문장은 I don't have any idea.와 같은 뜻입니다.